essentials

Essentials liefern aktuelles Wissen in konzentrierter Form. Die Essenz dessen, worauf es als „State-of-the-Art" in der gegenwärtigen Fachdiskussion oder in der Praxis ankommt. Essentials informieren schnell, unkompliziert und verständlich.

- als Einführung in ein aktuelles Thema aus Ihrem Fachgebiet
- als Einstieg in ein für Sie noch unbekanntes Themenfeld
- als Einblick, um zum Thema mitreden zu können.

Die Bücher in elektronischer und gedruckter Form bringen das Expertenwissen von Springer-Fachautoren kompakt zur Darstellung. Sie sind besonders für die Nutzung als eBook auf Tablet-PCs, eBook-Readern und Smartphones geeignet.

Essentials: Wissensbausteine aus Wirtschaft und Gesellschaft, Medizin, Psychologie und Gesundheitsberufen, Technik und Naturwissenschaften. Von renommierten Autoren der Verlagsmarken Springer Gabler, Springer VS, Springer Medizin, Springer Spektrum, Springer Vieweg und Springer Psychologie.

Manfred Bruhn • Karsten Hadwich

Einsatz von Social Media für das Dienstleistungsmanagement

Prof. Dr. Manfred Bruhn
Wirtschaftswissenschaftliche Fakultät
Lehrstuhl für Marketing und
Unternehmensführung
Universität Basel
Basel
Schweiz

Prof. Dr. Karsten Hadwich
Institut für Marketing & Management
Lehrstuhl für
Dienstleistungsmanagement
Universität Hohenheim
Stuttgart
Deutschland

ISSN 2197-6708
ISBN 978-3-658-07233-9
DOI 10.1007/978-3-658-07234-6

ISSN 2197-6716 (electronic)
ISBN 978-3-658-07234-6 (eBook)

Springer Gabler
© Springer Fachmedien Wiesbaden 2015
Die Deutsche Nationalbibliothek verzeichnet diese Publikation in der Deutschen Nationalbibliografie; detaillierte bibliografische Daten sind im Internet über http://dnb.d-nb.de abrufbar.

Das Werk einschließlich aller seiner Teile ist urheberrechtlich geschützt. Jede Verwertung, die nicht ausdrücklich vom Urheberrechtsgesetz zugelassen ist, bedarf der vorherigen Zustimmung des Verlags. Das gilt insbesondere für Vervielfältigungen, Bearbeitungen, Übersetzungen, Mikroverfilmungen und die Einspeicherung und Verarbeitung in elektronischen Systemen.

Die Wiedergabe von Gebrauchsnamen, Handelsnamen, Warenbezeichnungen usw. in diesem Werk berechtigt auch ohne besondere Kennzeichnung nicht zu der Annahme, dass solche Namen im Sinne der Warenzeichen- und Markenschutz-Gesetzgebung als frei zu betrachten wären und daher von jedermann benutzt werden dürften.

Gedruckt auf säurefreiem und chlorfrei gebleichtem Papier

Springer Gabler ist eine Marke von Springer DE. Springer DE ist Teil der Fachverlagsgruppe Springer Science+Business Media
www.springer-gabler.de

Was Sie in diesem Essential finden können

- Sie finden eine Übersicht über die vielfältigen Erscheinungsformen von Social Media.
- Sie erhalten Hinweise über die Bedeutung von Social Media-Plattformen für die Aufgaben des Dienstleistungsmanagements.
- Sie vollziehen einen systematischen Planungsprozess für den Einsatz von Social Media.
- Sie erkennen die Notwendigkeit zur Analyse, Planung, Implementierung und Kontrolle des Social Media-Einsatzes.
- Sie werden vertraut mit konkreten Hinweisen auf Methoden für einen professionellen Einsatz von Social Media.

Vorwort

Dieser Beitrag basiert auf dem Sammelband „Dienstleistungsmanagement und Social Media – Forum Dienstleistungsmanagement“, herausgegeben von Manfred Bruhn und Karsten Hadwich (Springer Gabler, Wiesbaden 2013). Der Einsatz von Social Media als Kommunikationsinstrument gewinnt zunehmend an Bedeutung. In dem Sammelband werden die Grundlagen zu Social Media im Rahmen des Dienstleistungsmanagements erläutert sowie Ansatzpunkte zum Einsatz von Social Media, insbesondere im Zusammenhang mit Dienstleistungsmarken und als Instrument zur Erlebnisorientierung, aufgezeigt. Ein weiterer Schwerpunkt des Bandes stellt der Einsatz von Social Media im Business-to-Business-Bereich sowie im Qualitätsmanagement dar. Abschließend befassen sich verschiedene Beiträge mit der Ausgestaltung von Social Media zur erfolgreichen Kundenbearbeitung. Insgesamt enthält der Sammelband 26 Beiträge von renommierten Wissenschaftlern und Praktikern.

Für Gabler Essentials wurde der Beitrag „Einsatz von Social Media für das Dienstleistungsmanagement“ ausgewählt, da er die zunehmende Bedeutung von Social Media für Dienstleistungsunternehmen hervorhebt, Systematisierungen der Erscheinungsformen vornimmt und einen Überblick über die Analyse-, Planungs-, Implementierungs- und Kontrollphase von Social Media im Rahmen des Dienstleistungsmanagements liefert. Zudem werden anschauliche Praxisbeispiele für eine konkrete Umsetzung der Social Media-Aktivitäten aufgezeigt.

Inhaltsverzeichnis

Social Media als Aufgabenstellung des Dienstleistungsmanagements

1

1.1 Entwicklung von Social Media

Die originäre Anwendung des Internets ist die Informationsgewinnung. Dies hat sich trotz erheblicher Veränderungen des Internets während der letzten Dekade nicht geändert. Anwender greifen auf bereits im Internet vorhandene Informationen zurück oder holen diese durch Interaktionsprozesse bei anderen Internetnutzern ein. Die Weiterentwicklungen des Internets sind insbesondere in der Art der Informationsflüsse sowie der Art der Informationen zu beobachten, die im Internet Verwendung finden.

Die früheste Entwicklungsphase des Internets, das *Web 1.0*, beschränkte sich auf einseitige Informationsflüsse. Der Informationsproduzent lieferte Informationen an den Informationsempfänger (vgl. Abb. 1.1). Typische Anwendungen sind die Kommunikation via E-Mail, E-Commerce und die Recherche nach spezifischen Informationen. Das *Web 2.0* revolutionierte dieses Prinzip. Die einseitigen Informationsflüsse wurden ergänzt durch wechselseitige Informationsflüsse. Im Ergebnis bedeutet dies, dass jeder Anwender sowohl Informationsempfänger als auch -sender sein kann. Das World Wide Web (WWW) wurde zu einer Plattform für Interaktionen zwischen Anwendern. Der Begriff Web 2.0 ist in seinem Umfang umstritten. Er wird vor allem an der stärkeren Einbindung der Nutzer in das Internet festgemacht (O'Reilly 2006; Holland 2009). Ermöglicht wird dies durch den geringen Aufwand, Inhalte selbst zu erstellen und für andere Anwender verfügbar zu machen. Der Begriff Web 2.0 wurde von O'Reilly im Rahmen einer Konferenz im Jahre 2004 geprägt und fand insbesondere durch eine nachfolgende Veröffentlichung (O'Reilly 2005) weite Verbreitung. Ein Resultat sind *Social Networks,* wie

© Springer Fachmedien Wiesbaden 2015

M. Bruhn, K. Hadwich, *Einsatz von Social Media für das Dienstleistungsmanagement,* essentials, DOI 10.1007/978-3-658-07234-6_1

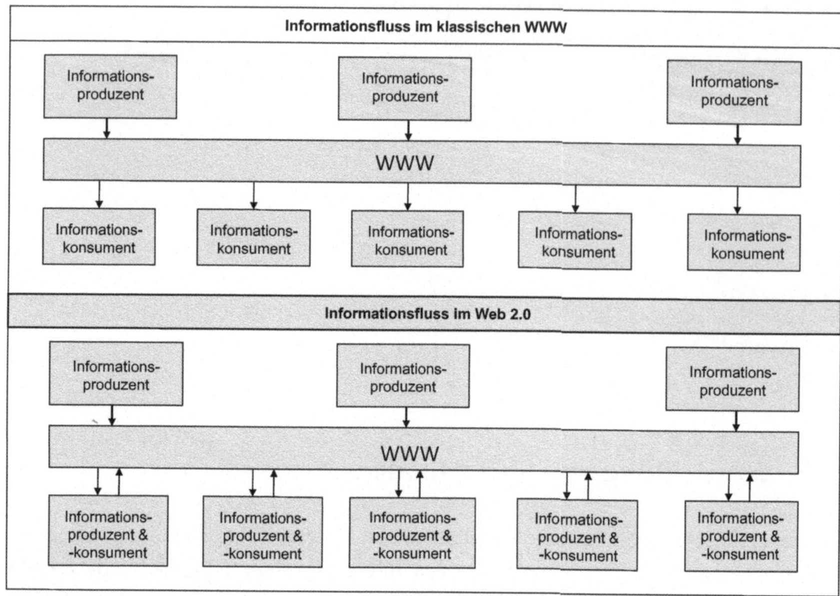

Abb. 1.1 Vergleich des Informationsflusses im Web 1.0 und dem Web 2.0

z. B. Facebook oder Xing. Dies sind virtuelle Plattformen, auf denen Informationen weltweit zwischen Internetnutzern ausgetauscht werden. Weitere Beispiele für Web 2.0-Anwendungen sind Weblogs, Online-Foren und Wikis. Diese Anwendungen basieren auf Social Software, die die Interaktion zwischen Menschen auf Plattformen im Internet ermöglicht (Alby 2008). Mehr als 2,3 Mrd. Menschen weltweit nutzen das Internet und über 1,5 Mrd. Menschen sind in Social Networks aktiv (eMarketer 2014). In Deutschland nutzen 79 % der Bundesbürger das Internet, davon sind 75 % im Social Web aktiv (Statistisches Bundesamt 2014). Allein bei Facebook sind mehr als 27 Mio. Deutsche registriert (Statista 2014).

Die starke *Verbreitung des Web 2.0* ist im Wesentlichen auf drei Faktoren zurückzuführen:

- *Technische Infrastruktur*: Seit den Anfängen des Internets wurden die Datenübertragungsgeschwindigkeiten stark verbessert. In vielen europäischen Staaten haben mehr als 50 % der Haushalte einen Breitbandzugang zum Internet. Die Übertragungstechnik hat sich vom Modem-, über ISDN- zum DSL-Anschluss weiterentwickelt. Ein weiterer entscheidender Punkt ist, dass diese Technik für die Anwender sukzessive günstiger wurde, so dass geringe Internetnutzungskosten die Attraktivität des Internets zusätzlich steigerte.

- *Verbesserte Verfügbarkeit von Technologien*: Die für das Web 2.0 eingesetzten Technologien existierten in ähnlicher Form bereits zu Zeiten des Web 1.0 (z. B. Abonnement-Dienste wie RSS). Aufgrund ihrer starken Verbreitung durch das Wachstum des Web 2.0 wurde ihre Verfügbarkeit verbessert. Für die Nutzer spiegelt sich die Verfügbarkeit dieser Technologien in einer einfacheren und schnelleren Internetanwendung wider.
- *Veränderte Bedürfnisse und Nutzungsverhalten*: Mit dem Aufkommen des Web 2.0 und der Möglichkeit, eigene Inhalte ins Internet zu erstellen, haben sich die Bedürfnisse geändert. Internetnutzer möchten nicht mehr nur vorhandene Informationen konsumieren, sondern auch eigene Inhalte produzieren. Dies schlägt sich in einem gewandelten Nutzungsverhalten wieder.

Social Media stützt sich auf die dem Web 2.0 inhärente Interaktion zwischen den Internetnutzern. Im Folgenden wird nachstehende Definition zugrunde gelegt:

► Social Media sind online-basierte Plattformen, die gekennzeichnet sind durch die Kommunikation und Vernetzung zwischen den Nutzern.

Der nächste Entwicklungsschritt des WWW wird bereits eingeläutet – und als *Web 3.0* bezeichnet. Das Web 3.0 basiert auf dem so genannten Semantic Web. Im Semantic Web werden Begriffe mit Konnotationen versehen, die auch für Computer verständlich sind, z. B. „Köln <Stadt> liegt am Rhein <Fluss>". Damit weiß ein Computer, dass in der Nachricht eine Stadt mit dem Namen Köln sowie der Fluss Rhein vorkommen. Diese Informationen sind relevant, wenn das Semantic Web mit dem Web 2.0 verknüpft und zum Web 3.0 zusammengeführt wird. Eine mögliche Anwendung ist, dass Reisenden automatisch Wetterdaten zu jenen Orten angezeigt werden, die sich auf ihrer Routenplanung befinden.

Die Darstellung des Entwicklungsprozess vom Web 1.0 zum Web 2.0 beziehungsweise Web 3.0 wirft die Frage auf, welche Erscheinungsformen von Social Media aktuell existieren.

1.2 Erscheinungsformen von Social Media

Besonderer Beliebtheit erfreuen sich z. B. die Social Media-Erscheinungsformen Virtuelle Netzwerke und Videos. Innerhalb der Erscheinungsformen findet die Social Media-Kommunikation über unterschiedliche Kommunikationsträger beziehungsweise Social Media-Plattformen statt. Häufig genutzte Virtuelle Netzwerke sind beispielsweise Xing.com und Facebook.com. Plattformen für Videos stellen z. B. YouTube.com oder MyVideo.de dar. Es existiert eine große Vielfalt

Abb. 1.2 Erscheinungsformen von Social Media. (Quelle: in Anlehnung an Bruhn 2014c, S. 1044)

an Möglichkeiten, via Social Media Informationen auszutauschen. Im Folgenden wird eine pragmatische Abgrenzung der Kommunikationsträger anhand des Kriteriums „Nutzermotiv der Botschaftsübermittlung" durchgeführt. Diese Abgrenzung führt zu acht *Erscheinungsformen von Social Media.* Abbildung 1.2 bietet einen Überblick über die Erscheinungsformen und stellt Beispiele für Kommunikationsträger je Erscheinungsform zur Verfügung.

Bei der Vielzahl und Vielfalt der Erscheinungsformen von Social Media stellt sich die Frage, welche Typen bzw. Gruppen gebildet werden können, die ähnliche Merkmale aufweisen. Hier bietet es sich an, nach dem Grad der Interaktion und Individualität zu unterscheiden. Abbildung 1.3 zeigt auf, dass die *Kategorien von Social Media-Erscheinungsformen* vier Cluster zugeteilt werden können. Diese Zuordnung und Abgrenzung vereinfacht die korrekte Auswahl der Erscheinungsformen für potenzielle Nutzer von Social Media-Kommunikationsträgern.

Neben der vorgängig vorgenommenen Kategorisierung sind Social Media-Plattformen nach der Art der Kommunikationssteuerung zu charakterisieren. Alle genannten Erscheinungsformen können sowohl *unternehmensgesteuerter* als auch *nutzergenerierter* Natur (User Generated Content) sein. Bei unternehmensgesteuerten Inhalten wird dieKommunikation von Seiten eines Unternehmens initiiert (z. B. Weblogs von Unternehmen). Hierzu stellen die Unternehmen den Konsumenten zunächst Informationen auf online-basierten Plattformen zur Verfügung. Konsumenten beteiligen sich dann aktiv am Kommunikationsprozess, indem sie mit dem Unternehmen und anderen Nutzern in Dialog treten. Oftmals erfolgt in diesem Fall neben der direkten Kommunikation zwischen Unternehmen und Konsumenten eine Moderation der öffentlichen Diskussion durch das Unternehmen. Grundvoraussetzung für einen Dialog zwischen Unternehmen und Konsumenten

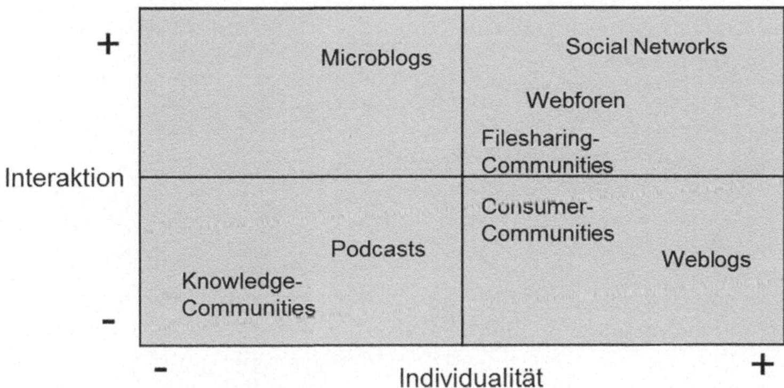

Abb. 1.3 Kategorisierung von Social Media-Erscheinungsformen. (Quelle: in Anlehnung an Bruhn. 2014c, S. 1044)

ist, dass die Unternehmen Rückkopplungskanäle einrichten, um auch den Konsumenten zu ermöglichen, als Sender von Botschaften aufzutreten (Duncan und Moriarty 1998; Grönroos 2004). Somit entsteht anstatt des klassischen Kommunikationsmodells ein *zweiseitiges Kommunikationsmodell*. Dieses ist insbesondere im Dienstleistungsmanagement von großer Bedeutung, da es eine enge Kundenbeziehung ermöglicht. Gleichzeitig ist zu beachten, dass unternehmensgesteuerte Erscheinungsformen teilweise auch nur unternehmensinterne Verwendung finden und somit für Externe nicht zugänglich sind. Hierunter fallen z. B. Podcasts und Wikis zur Weiterbildung der Mitarbeiter.

Die Vielfalt der Social Media-Erscheinungsformen belegt die Notwendigkeit, sich differenzierter mit ihrer jeweiligen Bedeutung für das Dienstleistungsmanagement zu beschäftigen. Hierzu werden betriebswirtschaftliche Funktionsbereiche inklusive entsprechender Managemententscheidungen herangezogen, die für das Dienstleistungsmanagement eine herausragende Stellung einnehmen. Abbildung 1.4 veranschaulicht die Eignung der einzelnen Erscheinungsformen für die zentralen Entscheidungstatbestände der betriebswirtschaftlichen Funktionsbereiche. Die Eignung der dargestellten Erscheinungsformen bezüglich unternehmensgesteuerter und nutzergenerierter Verwendung ist bei genauerer Prüfung fast in allen Fällen gleich ausgeprägt. Daher wird in dieser Grafik auf eine zusätzliche Differenzierung zwischen unternehmensgesteuerter und nutzergenerierter Verwendung verzichtet. Auf Unterschiede zwischen unternehmensgesteuerten und nutzergenerierten Erscheinungsformen, z. B. hinsichtlich des Verhaltens verschiedener Zielgruppen, wird in Abschn. 1.1 eingegangen.

	Aufgabe \ Erscheinungsform	Social Bookmarks	Wikis	Podcasts	Fotos	Videos	Micro-blogs	Tagging	Bewertungs-portale	Weblogs	Web-foren	Social Networks	Virtual Worlds
Marketing	Produkt	+	+	+	+	+	+	+	+	+	+	+	o
	Preis	+	+	+	+	+	+	+	+	+	+	+	-
	Kommunikation	+	+	+	+	+	+	+	+	+	+	+	+
	Vertrieb	+	+	+	+	+	+	+	+	+	+	+	+
Personal	Rekrutierung	-	-	+	+	+	+	-	o	+	+	+	+
	Weiterbildung	+	+	+	+	+	-	+	-	-	+	-	+
	Freisetzung	-	-	-	-	-	-	-	-	-	-	-	-
F&E	Ideen-generierung	-	-	+	o	o	+	-	+	+	+	+	o
	Ideen-management	+	+	-	o	-	-	+	o	-	-	-	-
	Ideenerprobung	-	-	-	o	+	o	-	+	+	+	+	o
Finanzen	Investitions-planung	-	+	-	o	o	-	-	o	o	o	o	-
	Investor Relations	o	-	+	+	+	+	o	o	o	o	o	-
Controlling	Zielplanung	o	+	-	-	-	-	o	+	o	o	o	-
	Zielkontrolle	o	-	o	o	o	o	o	+	o	o	o	-
Beschaffung	Marktanalyse	+	+	o	+	+	o	o	+	o	o	o	-
	Beschaffungs-logistik	-	o	o	o	o	o	-	+	o	o	o	-

Legende: + = gute Eignung; o = bedingte Eignung; - = geringe/keine Eignung

Abb. 1.4 Bedeutung der Social Media-Erscheinungsformen für das Dienstleistungsmanagement

Es ist wenig erstaunlich, dass die Social Media-Erscheinungsformen ihre größte Bedeutung innerhalb des Funktionsbereichs Marketing aufweisen. Social Media-Plattformen basieren auf der Interaktion zwischen Menschen und die Kernaufgabe des Marketing ist die Gestaltung der Interaktion zwischen Unternehmen und Konsumenten.

Ebenfalls von großer Bedeutung ist Social Media für das Personalwesen und die Forschung & Entwicklung (F&E). Das *Personalwesen* nutzt Social Media vornehmlich für die Rekrutierung von Personal sowie deren Weiterbildung. Angeboten werden z. B. unternehmenseigene Karriereseiten auf Facebook. Unternehmen wie PricewaterhouseCoopers und BMW nutzen diese Gelegenheit, um sich zu präsentieren (Facebook 2014a, b). Arbeitssuchende ihrerseits werden Follower dieser Seiten, mit dem Ziel, die Aufmerksamkeit des Unternehmens auf ihr Onlineprofil zu lenken. Das Unternehmen zeigt, dass es als modernes Unternehmen im Zeitalter des Web 2.0 angekommen ist. Es findet folglich gleichzeitig ein Signaling des Unternehmens und der Kandidaten statt.

Die *F&E* setzt Social Media besonders intensiv für die Ideengenerierung ein. Dazu dient z. B. das passive Lesen von nutzergenerierten Podcasts und Twitters zu einschlägigen Themen sowie die aktive Gestaltung von unternehmensgesteuerten Bewertungsportalen, Weblogs und Webforen, um von den Konsumenten Ideen zu erhalten. Letzteres wird oftmals als Wettbewerb gestaltet, so dass die besten Ideen prämiert werden. Ein Beispiel hierfür stellt die Firma Lego da, die Designideen für neue Legofiguren aus der Internetcommunity bezieht (Lego 2014). Dieses Vorgehen des Sammelns von Ideen unter den Konsumenten wird auch als *Crowdsourcing* bezeichnet.

Die b*eschaffungsseitige Marktanalyse* greift auf zahlreiche Social Media-Plattformen zurück. Unternehmensgesteuerte und nutzergenerierte Social Bookmarks, Wikis und Bewertungsportale werden intensiv zur Informationsgewinnung bezüglich der Qualität, Lieferzuverlässigkeit, Lieferflexibilität und ähnlicher Kriterien potenzieller Lieferanten herangezogen. Ebenso werden Fotos und Video, z. B. der Produktionsstätte und einzelner Bauteile von Lieferanten, analysiert und diskutiert.

Bei der *Unternehmensfinanzierung* fällt die gute Eignung von Podcasts, Fotos, Videos und Micromedia zur Aufbereitung von Informationen für Investoren im Rahmen der Investor Relations auf.

Für das *Controlling* ist der Nutzen von Social Media dagegen äußerst begrenzt. Lediglich Wikis, z. B. zur Dokumentation von Richtlinien bezüglich der Planung von Zielen, und Bewertungsportale, z. B. zur Experten-basierten Bewertung der Zielerreichungsgrade einzelner Projekte, sind für eine Anwendung im Controlling geeignet. Dies wird durch eine starke Orientierung nach innen bedingt. Das Kommunikationscontrolling nimmt innerhalb des Controlling eine Sonderrolle ein. Für dieses nach außen gewendete Instrument sind auch Erscheinungsformen wie beispielsweise Weblogs und Webforen von Bedeutung, um beispielsweise das Meinungsbild der Konsumenten über einzelne Produkte in Erfahrung zu bringen.

Die bisherige Strukturierung von Social Media hat gezeigt, dass Social Media eine Längsschnittfunktion über verschiedene Funktionsbereiche des Dienstleistungsmanagements ausübt. Social Media-Anwendungen sind folglich nicht auf die Kommunikation beschränkt. Neben dieser Einordnung ist die zeitliche Strukturierung einzelner Social Media-bezogener Aufgaben für ein systematisches Entscheidungsverhalten in Unternehmen von zentraler Bedeutung. Dies resultiert in einem Managementprozess mit den Phasen Analyse, Planung, Implementierung und Kontrolle. Im Rahmen der Analysephase werden sämtliche Aspekte, die für eine Steuerung der Kundenbeziehung von Bedeutung sind, untersucht. In der Planungsphase werden die strategischen Stoßrichtungen des Dienstleistungsmarketing sowie die anzuwendenden Marketinginstrumente festgelegt. Daran anknüpfend erfolgt in der Implementierungsphase die Umsetzung und Durchsetzung der festgelegten Maßnahmen. Die Kontrollphase überprüft schließlich die umgesetzten Maßnahmen bezüglich ihrer Zielerreichungsgrade.

Analysephase des Dienstleistungsmanagements 2

Im Fokus der Analysephase steht die Kundenanalyse. Hierzu sind zum einen Zielgruppen zu bilden, indem die Nutzer hinsichtlich ihrer Social Media-Verhaltensweisen segmentiert werden. Zum anderen besteht eine große Herausforderung darin, die auf den Social Media-Plattformen vorhandenen Informationen für die Marktforschung und damit für die Kundenanalyse nutzbar zu machen.

2.1 Zielgruppenanalysen für Social Media

Am Ende der Zielgruppenanalyse stehen möglichst homogene *Nutzergruppen* im Hinblick auf das Informations-, Unterhaltungs- und Selbstdarstellungsbedürfnis sowie die daraus resultierenden Anforderungen an den Social Media-Einsatz. Mit den gewonnenen Erkenntnissen werden z. B. zielgruppenspezifische Social Media-Botschaften entwickelt, die Botschaften auf ausgewählten Plattformen veröffentlicht sowie ein zielgruppenspezifisches Monitoring zur Informationsgewinnung durchführt.

Der erste Schritt zur Analyse unterschiedlicher Socia Media-Verhaltensweisen ist die Erfassung, auf welchen Social Media-Plattformen einzelne Zielgruppen aktiv sind. Damit wird sichergestellt, dass die Social Media-Aktivitäten des Unternehmens letztlich auf den relevanten Plattformen stattfinden. Trotz des weltweiten Zugangs zu Social Media-Plattformen sind zwischen den Ländern deutliche Unterschiede im Nutzungsverhalten festzustellen. Zahlreiche Plattformen wie z. B. www.billiger.de oder xing.com werden nur von Konsumenten einzelner Länder verwendet.

© Springer Fachmedien Wiesbaden 2015

M. Bruhn, K. Hadwich, *Einsatz von Social Media für das Dienstleistungsmanagement,* essentials, DOI 10.1007/978-3-658-07234-6_2

In einem zweiten Schritt sind die Zielgruppen anhand vier grundlegender Kategorien zu segmentieren (Kotler und Bliemel 2006; Meffert et al. 2012; Becker 2013):

1. Demografische Merkmale
2. Sozioökonomische Merkmale
3. Psychografische Merkmale
4. Verhaltensmerkmale

Innerhalb der Kategorien existiert eine Vielzahl von Merkmalen, die eine präzise Abgrenzung der Gruppen sicherstellen. Klassische Analysemethoden unterscheiden die Zielgruppen lediglich nach *demografischen Merkmalen*, wie z. B. Alter, Geschlecht und Familienstand oder *sozioökonomischen Merkmalen*, z. B. Einkommen und Beruf. Diesem Vorgehen mangelt es jedoch an Relevanz bezüglich des beabsichtigten Nutzerverhaltens und ist somit zu ungenau für eine präzise Zielgruppenbestimmung (Schweiger und Schrattenecker 2012). Resultierende Segmentierungen offenbaren oftmals eine unzureichende Homogenität bezüglich Interessen, Wertvorstellungen und Verhalten. Dennoch ist darauf hinzuweisen, dass speziell im Rahmen von Social Media einzelne Merkmale, wie Alter, Einkommen und Bildung in empirischen Untersuchungen eine hinreichende Trennschärfe erreichen können (Fritz 2006). Das liegt daran, dass sie oftmals mit den nachfolgend betrachteten psychografischen Merkmalen korrelieren. Gleichzeitig offenbaren diese Merkmale den Vorteil, dass sie häufig von den Nutzern selbst auf den Social Media-Plattformen angegeben werden und somit leicht zu erheben sind.

Zu den *psychografischen Merkmalen* zählen z. B. die grundsätzliche Offenheit gegenüber Social Media, das Informationsbedürfnis sowie die Anforderungen an die Interaktivität (Busch et al. 2008). Ein weiteres zentrales Merkmal ist das Produktinvolvement (Schweiger und Schrattenecker 2012). Dieses nimmt Einfluss auf das Informationsverhalten der Konsumenten. Je nach Ausprägung des Produktinvolvements ist die Social Media-Kommunikation informativ-, dialog- oder unterhaltungsorientiert zu gestalten. Ebenfalls ein wichtiges Differenzierungsmerkmal ist das Interesse. Dieses spiegelt unter anderem wider, für welche Produkte und damit für welche Branchen sich ein Nutzer interessiert. Die Relevanz dieses Merkmals liegt darin, dass das Social Media-Verhalten von Branche zu Branche unterschiedlich ist. So zeigen empirische Ergebnisse, dass Social Media-Kommunikation im Vergleich zu klassischen Kommunikationsinstrumenten, z. B. hinsichtlich Markenbekanntheit und Kaufabsicht, in jenen Branchen besonders wirksam ist, in denen die Konsumenten einen großen Aufwand für die Informationssuche betreiben und hohe Investitionskosten auf Seiten der Nutzer aufgebracht werden müssen

(z. B. Tourismusbranche) (Bruhn et al. 2011). Ebenfalls von der Branche abhängig ist die empirische Wirkungsweise von *unternehmensgesteuerter* und *nutzergenerierter* Social Media-Kommunikation. In Branchen, in denen Dienstleistungen auf hoher fachspezifischer Kompetenz aufbauen (z. B. der Kompetenz von Ärzten und Apotheker in der Pharmabranche), erreicht unternehmensgesteuerte Social Media-Kommunikation eine größere Wirkung als nutzergenerierte. Die Social Media-Nutzer erlangen in diesen Fällen keine ausreichende Glaubwürdigkeit. In der Telekommunikations- und Tourismusbranche dagegen wird den Meinungen der Nutzer eine genauso große Glaubwürdigkeit wie den unternehmensgesteuerten Inhalten zugesprochen (Bruhn et al. 2011). Für Unternehmen ist es folglich essentiell abzuwägen, bei welchen Zielgruppen und in welcher Dosierung die beiden Kommunikationsformen zu verwenden sind.

Die *Merkmale des Verhaltens* betreffen das Verhalten der Zielgruppen in der Vergangenheit, vor allem das Informations- und Kommunikationsverhalten. Zur Analyse dieser Merkmale ist möglichst genau zu untersuchen, wer, wann und wie lange welche Social Media-Erscheinungsformen nutzt und welche Inhalte aufgerufen werden. Des Weiteren können Zielgruppen entsprechend ihres Navigationsverhaltens auf einzelnen Plattformen differenziert werden (Ellis 2009).

Unterschiedliche Zielgruppen können z. B. hinsichtlich aktueller und potenzieller *Konsumenten, Mitarbeiter*, *Absatzmittler* und den *Medien* gebildet werden. Der Ansatz zur Identifikation der Zielgruppen ist in allen Fällen gleich, es erfordert jedoch jeweils einer Analyse mit spezifischen Abgrenzungsmerkmalen. Aufgrund der besonderen Relevanz der Konsumenten für Unternehmen werden in Abb. 2.1 Kriterien zur Bildung von Zielgruppen innerhalb der aktuellen und potenziellen Konsumenten vorgestellt.

Anhand des Nutzungsverhaltens der verschiedenen Social Media-Plattformen lassen sich Nutzersegmente bilden und mittels verschiedener Merkmale beschreiben. Ein Beispiel einer solchen *Nutzertypologie* wurde von Forrester Research entwickelt. Auf Basis der Analyse des sozialen und digitalen Lebens von Konsumenten wurde das so genannte Konzept der „Social Technographics" entwickelt, das verschiedene Online-Nutzertypologien beschreibt (Tuten und Solomon 2013, S. 74 f.). In Abb. 2.2 sind die verschiedenen Nutzerrollen und ihre Aktivitäten dargestellt.

Bei der Kategorie der Schöpfer handelt es sich um Internetnutzer, die Beiträge in Blogs veröffentlichen, selbst erstellte Videos hochladen oder Artikel beziehungsweise Geschichten schreiben und sie online zugänglich machen. Die zweite Gruppe umfasst so genannte Kritiker, die in erster Linie Produktreviews schreiben oder aber Beiträge in Blogs, Social Networks usw. kommentieren. Als dritte Gruppe können die Sammler identifiziert werden. Diese sind vor allem an Social

Demografische Merkmale	Psychografische Merkmale
• Alter • Geschlecht • Familienstand • Zahl der Kinder • Haushaltsgröße • Wohnort u.a.m	• Persönlichkeitsmerkmale (Aktivitäten, Interessen, Einstellung gegenüber Social Media) • Nutzenvorstellungen • Motive u.a.m.

Sozioökonomische Merkmale	Verhaltensmerkmale
• Beruf, Ausbildung • Einkommen • Soziale Schichtung (KombinationAusbildung, Beruf, Einkommen) u.a.m.	• Nutzung von Social Media-Plattformen • Kommunikations verhalten • Produktwahl, Kaufmengen/ Kaufhäufigkeit u.a.m.

Abb. 2.1 Zielgruppenmerkmale aktueller und potenzieller Konsumenten. (Quelle: Bruhn 2014c, S. 1080)

Bookmarking und RSS-Feeds interessiert. Weiterhin lassen sich jene Teilnehmer klassifizieren, die in einem sozialen Netzwerk eine eigene Seite pflegen und vor allem die Seiten anderer Mitglieder in diesem Netzwerk besuchen. Auch die Zuschauer stellen eine Nutzergruppe dar. Diese konsumieren vor allem Inhalte, die

Nutzerrolle	Aktivitäten
Schöpfer (Creators)	Veröffentlichen eigene Artikel in Blogs, Webseiten oder laden Multimediainhalte wie Videos und Podcasts auf entsprechende Plattformen.
Kritiker (Critics)	Bewerten Produkte und Dienstleistungen in Bewertungsportalen, kommentieren Inhalte in Blogs, beteiligen sich an Foren und Wikis.
Sammler (Collectors)	Akkumulieren Inhalte, indem sie RSS-Feeds abonnieren und Social Bookmarking-Applikationen einsetzen.
Teilnehmer (Joiners)	Sind in mindestens einem Sozialen Netzwerken angemeldet und besuchen diese Seiten.
Zuschauer (Spectators)	Konsumieren Inhalte in Blogs, Foren und auf Bewertungsseiten.
Inaktive (Inactives)	Sind nicht im Social Web aktiv.

Abb. 2.2 Nutzertypen von online-basierten Plattformen. (Quelle: Innovation Mining 2009)

ihnen durch Social Media-Plattformen zugänglich gemacht werden. Hierzu gehört der Konsum von Blogs, Podcasts oder aber Tweets. Die letzte Gruppe stellen die Inaktiven dar. Diese Gruppe nimmt keine Social Media-Angebote wahr.

2.2 Marktforschung durch Social Media

Die Social Media-basierte Marktforschung zielt darauf ab zu untersuchen, welche für die Marktforschung benötigten Informationen mit Hilfe von Social Media-Erscheinungsformen erhoben werden können. Entsprechende Informationen sind sowohl zur Fundierung von Marketingentscheidungen als auch sämtlicher anderer Funktionsbereiche wie z. B. Beschaffung und Personal (vgl. Abb. 1.4) relevant. Hinsichtlich der Informationsart werden in der Markforschung vier *Untersuchungsbereiche* unterschieden (Bruhn 2014a).

1. Entwicklung des Marktes
2. Verhalten der Marktteilnehmer
3. Wirkungen der Marketinginstrumente
4. Beobachtung unternehmensspezifischer Marketingfaktoren

Abbildung 2.3 zeigt, welche Social Media-Erscheinungsformen innerhalb der vier Untersuchungsbereiche geeignet sind, um relevante Informationen zu generieren.

Die Beobachtung der *Entwicklung des Marktes* gibt Aufschluss über die Entwicklung des Marktpotenzials und des Marktvolumens. Gleichzeitig werden Umfeldtendenzen (z. B. Bevölkerungswachstum und politische Veränderungen) betrachtet, um ein umfängliches Bild zu erhalten. In ihrer Bedeutung für die Marktforschung sind z. B. die Social Media-Erscheinungsformen Podcast, Microblog und Social Network hervorzuheben. Alle drei werden eingesetzt, um innerhalb der identifizierten Zielgruppen, insbesondere mittels passivem Monitoring, relevante Informationen zu generieren. Hierfür wird spezielle Software zur inhaltlichen Filterung der Nachrichten nach vorgegebenen Stichworten sowie zunehmend *Semantic Web Research*-Software eingesetzt. Somit können beispielsweise im Rahmen von Diskussionen in Social Networks oder in Nachrichten-Podcasts Informationen zur politischen Situation in einzelnen Märkten gesammelt werden. Entsprechende Informationen, z. B. über einen möglichen Einbruch der Nachfrage, sind nicht nur für das Marketing, sondern z. B. auch für die Personalplanung, die Beschaffungsmarktanalyse, die Finanzplanung, die Produktneuentwicklung sowie die Planung der Controllingziele von Relevanz.

Untersuchungsbereich / Erscheinungsform	Marktentwicklung	Verhalten der Marktteilnehmer	Wirkung der Marketinginstrumente	Beobachtung unternehmensspezifischer Marketingfaktoren
Social Bookmarks	o	o	o	o
Wikis	o	o	o	o
Podcasts	+	+	+	o
Fotos	+	+	+	o
Videos	+	+	+	o
Microblogs	+	+	+	o
Tagging	o	o	o	o
Bewertungsportale	+	+	+	o
Weblogs	+	+	+	o
Webforen	+	+	+	o
Social Networks	+	+	+	o
Virtual Worlds	-	o	o	-

Legende: + = gute Eignung; o = bedingte Eignung; - = geringe/keine Eignung

Abb. 2.3 Eignung der Social Media-Erscheinungsformen für die Marktforschung

Von großer Bedeutung für die Marktforschung ist des Weiteren die Analyse des derzeitigen sowie die Prognose des zukünftigen *Verhaltens der Marktteilnehmer*. Hierunter fallen die Konsumentenforschung (Customer Insight), die Konkurrenzforschung (Competitive Intelligence) und die Handelsforschung (Retail Research). Für die Untersuchung der Kundenbedürfnisse sowie deren Veränderungen eignen sich onlinebasierte Panels, die z. B. auf geschlossenen Bewertungsplattformen oder Webforen durchgeführt werden. Ebenso halten Unternehmen öffentliche Diskussionen mit Konsumenten sowie Ideenwettbewerbe auf Weblogs ab, um Customer Insights zu erlangen. Spannend ist darüber hinaus die Beobachtung von Virtual Worlds wie Secondlife. Konsumenten können in diesen beispielsweise neue Produkte entwerfen, die Bedürfnisse erfüllen, die in der Realität seitens der Unternehmen unentdeckt blieben. Für die Analyse des Verhaltens von Konkurrenten bezüglich Neuprodukteinführungen und Preisänderungen finden Überwachungen von unternehmensgesteuerten sowie nutzergenerierten Webforen und Microblogs Anwendung. Informationen über Händler können beispielsweise über die Analyse von Händlerbewertungsplattformen generiert werden.

Für einen effizienten Einsatz der Produkt-, Preis-, Kommunikations- und Vertriebsinstrumente ist die Wirkung einzelner Instrumente ex ante abzuschätzen und mit der tatsächlichen Wirkung ex post zu vergleichen. Die Abschätzung der *Wirkungen der Marketinginstrumente* im Vorhinein reduziert das Risiko von Fehlinvestitionen. Die Wirkungskontrolle im Nachhinein überprüft den Erfolg des Instrumenteeinsatzes. Social Media-Plattformen bieten zahlreiche Möglichkeiten, um ex ante und ex post Informationen über die Wirkungsweise von Marketinginstrumenten zu generieren. Ex ante werden auf Webforen, Weblogs, Microblogs usw. in offenen oder geschlossenen Gruppen die Wirkung von Preisänderungen, neuen Slogans, innovativer Produkteigenschaften und neuen Vertriebswegen getestet. In geschlossenen Gruppen bestehen die Probanden oftmals aus Konsumenten, die sich hierfür extra beworben haben. Auch Virtual Worlds finden Anwendung, z. B. um unter dem realen Markennamen ex ante die Reaktion auf den Einsatz bestimmter Marketinginstrumente zu überprüfen. Ex post-Untersuchungen sind dagegen in Virtual Worlds nicht möglich, da die Effekte einer realen Produkteinführung nicht in der virtuellen Welt messbar sind. Die Plattformen, die in Abbildung mit einem „+" versehen wurden, eignen sich dagegen auch, um den Erfolg einzelner Maßnahmen mittels psychologischer Größen wie Einstellung und Zufriedenheit sowie Verhaltensabsichten wie Kaufabsicht und Preispremiumbereitschaft ex post zu überprüfen.

Beispiel: Die Mitmachplattform Migipedia

Das Schweizer Einzelhandelsunternehmen Migros entwickelte im Jahr 2010 die Plattform Migipedia. Auf dieser Internetseite haben Kunden die Möglichkeit, sich aktiv an der Ideenfindung und der Produkt- bzw. Sortimentsgestaltung bei Migros zu beteiligen. Hierfür stehen die drei Rubriken „Ideen", „Umfragen" und „Produkt testen" zur Verfügung. Unter „Ideen" haben die Kunden die Möglichkeit, eigene Ideen bzgl. neuer Produktvarianten (z. B. Verpackungsgröße, Geschmacksrichtung usw.) einzubringen oder Vorschläge für die Namensgebung neuer Produkte abzugeben. In der Rubrik „Umfragen" haben die Besucher der Website die Möglichkeit, über aktuelle Themen in Bezug auf Migros abzustimmen. Zudem erhalten registrierte

Nutzer die Möglichkeit, als Produkttester zu agieren und neue Produkte, die kurz vor der Produkteinführung stehen, zu testen (Migipedia 2014).

Eine permanente *Beobachtung unternehmensspezifischer Marketingfaktoren* ist aufgrund der Dynamik der Märkte unerlässlich. Bei Abweichungen von den Planwerten werden Ursachenanalysen durchgeführt. Für die Messung von psychologischen Marketingfaktoren und Verhaltensabsichten finden jene Social Media-Plattformen Einsatz, die im Rahmen des Untersuchungsbereichs „Wirkungen der Marketinginstrumente" als ex post anzuwendende Plattformen diskutiert wurden. Sie eignen sich jedoch nicht für die kontinuierliche Überwachung von z. B. Umsatzzahlen, Marktanteilen und Deckungsbeiträgen. Diese Größen werden über unternehmensinterne Controllinginstrumente überwacht.

Social Bookmarks, Wikis und Taggings finden im Rahmen der Marktforschung nur indirekte Verwendung, insbesondere um unternehmensintern Daten zu verwalten. Mittels Social Bookmarks können beispielsweise in der Marktforschungsabteilung interaktive Lesezeichen für Social Media-Plattformen angelegt werden.

Die vielfältigen Möglichkeiten zum Einsatz von Social Media für Zielgruppenanalyse sowie für die Generierung von Marktforschungsinformationen belegen die Notwendigkeit, sich differenzierter mit der Planung des konkreten Einsatzes von Social Media zu beschäftigen.

Planungsphase des Dienstleistungsmanagements 3

In der Planungsphase werden die strategischen Stoßrichtungen für den Einsatz von Social Media im Rahmen des Dienstleistungsmanagements sowie operative Maßnahmen zur Umsetzung der Strategien festgelegt.

3.1 Strategieoptionen im Umgang mit Social Media

Eine *Social Media-Strategie* ist die bewusste und verbindliche Festlegung der Schwerpunkte in den einzelnen Social Media-Aktivitäten eines Unternehmens, mittels einer Aufstellung verbindlicher Verhaltenspläne und einem längerfristigen Rahmen, die angestrebten Social Media-Ziele zu erreichen (Bruhn 2014c, S. 1036). Zur Sicherstellung eines integrierten Kommunikationskonzepts ist zu überprüfen, wie die Social Media-Strategie mit der Unternehmens-, Dienstleistungs- und Markenstrategie abzustimmen ist.

Die *Grundtypen von Social Media-Strategien* werden nach zwei Dimensionen untergliedert: Ansprache durch das Unternehmen und Anzahl der Nutzer (vgl. Abb. 3.1). Der Aspekt *Ansprache durch das Unternehmen* beschreibt, ob das Unternehmen aktiv tätig wird, indem es den Dialog mit den Nutzern sucht oder ob es eine passive Rolle einnimmt und lediglich auf Nutzeraktionen reagiert. Die *Anzahl der Nutzer* legt dar, wie viele Nutzer das Unternehmen im Rahmen einer Social Media-Strategie in den Fokus nimmt (Bruhn 2014c). Werden die jeweiligen Extremformen kombiniert, führt dies zu den in Abb. 3.1 dargestellten Grundtypen möglicher Social Media-Strategien.

© Springer Fachmedien Wiesbaden 2015

M. Bruhn, K. Hadwich, *Einsatz von Social Media für das Dienstleistungsmanagement,* essentials, DOI 10.1007/978-3-658-07234-6_3

Anzahl der Nutzer / Ansprache durch das Unternehmen	Individuell	Kollektiv
Aktiv	• Strategie des Mitredens • Strategie der Unterstützung	• Beeinflussungsstrategie • Aktivierungsstrategie • (Anregung zur Weiterempfehlung)
Reaktiv	• Monitoringstrategie • (Strategie der Zuhörerschaft)	• Integrationsstrategie

Abb. 3.1 Grundtypen von Social Media-Strategien. (Quelle: Bruhn 2014c, S. 1090)

Im Rahmen der Entscheidung für einen der Grundtypen der Social Media-Strategien ist als erstes die Frage zu klären, ob das Unternehmen eine aktive Kommunikation oder eine passive Haltung anvisiert. Im zweiten Schritt ist festzulegen, ob eine individuelle oder eine kollektive Ansprache der Nutzer erfolgt, beziehungsweise ob von individuellen Nutzern oder ganzen Gruppen Informationen erhoben werden.

Ein reaktiv-individueller Ansatz ist die Strategie des Zuhörens respektive die *Monitoringstrategie*. Das Unternehmen bleibt hierbei passiv und verfolgt den Kommunikationsaustausch zwischen einzelnen Social Media-Nutzern (Gruber 2008). Ziel ist das Sammeln ehrlicher, unverfälschter Informationen sowie Meinungen und Erfahrungen zu den für das Unternehmen relevanten Sachverhalten. Für das Dienstleistungsmanagement betrifft das z. B. Informationen darüber, welche Eigenschaften für Konsumenten während des Kaufprozesses eine besondere Rolle spielen und wie neue Dienstleistungen und Dienstleistungsmarken zu gestalten sind. Darüber hinaus bietet die Monitoringstrategie eine gute Basis, um in einem nächsten Schritt selbst als Unternehmen aktiv in den Social Media-Dialog einzusteigen. Es ist zu berücksichtigen, dass das Monitoring eines großen Zeitaufwands bedarf. Die Daten müssen zunächst gewonnen und anschließend ausgewertet werden.

Ebenfalls eine reaktive Strategie ist die *Integrationsstrategie*. Es wird gezielt eine ganze Nutzergruppe ins Visier genommen. Diese wird in die Prozesse des Unternehmens integriert. Eine Integration in den Innovationsprozess findet z. B. statt, indem die Kommentare der Nutzer nach Ideen für neue Dienstleistungen gefiltert werden (Li und Bernoff 2009). Die Analyse der Daten erfolgt anschließend im Kollektiv, beispielsweise nach der Anzahl der Nennungen pro Idee innerhalb der Gruppe.

Die *Strategie des Mitredens* hat in erster Linie zum Ziel, für alle Nutzer einer Social Media-Plattform präsent zu sein. Das Unternehmen bekundet gegenüber den Nutzern aktiv das Interesse am gegenseitigen Informationsaustausch. Den Nutzern wird dokumentiert, dass ihre Bedürfnisse und Meinungen seitens des Unternehmens ernst genommen werden und dass sie für das Unternehmen wichtig sind. Gleichzeitig hat das Unternehmen die Möglichkeit, gezielt in Diskussionen einzugreifen und Fehlentwicklungen in Diskussionen gegenzusteuern. In der Regel ist ein Unternehmensmitglied Teil der Community. Das österreichische Tourist Informations-Büro Austriatravel nimmt beispielsweise auf Twitter aktiv am Informationsaustausch mit den Nutzern teil (Twitter 2014).

Im Zuge der *Strategie der Unterstützung* zielt das Unternehmen darauf ab, einzelne Nutzer über eine Social Media-Plattform miteinander zu verbinden mit dem Zweck, dass sich die Nutzer gegenseitig helfen können. Das Unternehmen übernimmt dabei lediglich die Aufgabe, jene Personen zusammenzubringen, die ähnliche Anliegen und Bedürfnisse haben. Von Bedeutung ist diese Strategie insbesondere, um die Servicekosten zu reduzieren, z. B. indem weniger Kundenberatungspersonal benötigt wird (Li und Bernoff 2009). Microsoft verfolgt diese Strategie mit ihrer so genannten Microsoft Community (Microsoft 2014). Dies ist eine von Microsoft koordinierte Plattform, auf der sich User austauschen können, um Software-Probleme zu lösen. Microsoft gibt lediglich Hinweise für eine effiziente Nutzung der Plattform und stellt Regeln zur korrekten Nutzung auf.

Im Rahmen der *Beeinflussungsstrategie* wird der Dialog mit den Nutzern aktiv gesucht, um den Informationsaustausch zwischen den Nutzern zu steuern. Beispielsweise wird bei der Vorstellung neuer Dienstleistungsangebote versucht, insbesondere positive Inhalte in den Mittelpunkt der Diskussion zu rücken. Das Unternehmen zielt darauf ab, positive Emotionen und Einstellungen bei einer großen Anzahl von Nutzern hervorzurufen und gegebenenfalls „virale Effekte“ zu erzielen. Gleichzeitig kann diese Strategie dazu genutzt werden, die Reaktion der Nutzer auf bestimmte Aktionen hin zu untersuchen, um ein Meinungsbild zu diesen zu erhalten. Eine Variante der Beeinflussungsstrategie stellt das *Stealth Marketing* dar. Hierbei handelt es sich um verdeckte Marketingaktivitäten auf Social Media-Plattformen (Carl 2008; Tropp 2011). Auf der Plattform www.payperpost.com können Unternehmen z. B. positive Blogbeiträge einkaufen. Mitarbeiter des Anbieters schreiben diese. Der Auftraggeber zahlt pro Blogbeitrag, in Abhängigkeit der Anzahl der Buchstaben. Ziel kann z. B. eine positive Bewertung eines neuen Produktes sein. Diese Marketingform birgt jedoch ein erhebliches Risiko des Reputationsverlustes. Wird ein entsprechendes Vorgehen von den Nutzern oder den

Medien entlarvt, trägt die Unternehmensreputation in der Regel großen Schaden davon.

Die *Strategie der Aktivierung* (Anregung zur Weiterempfehlung) visiert die Stimulierung einer positiven Mund-zu-Mund-Kommunikation an. Es werden Maßnahmen auf Social Media-Plattformen ergriffen, die darauf abzielen, Konversationen unter einer großen Anzahl von Nutzern auszulösen, um eine positive Weiterempfehlungsabsicht z. B. bezüglich einer Marke oder einer Dienstleistung zu erlangen. Darüber hinaus versprechen sich die Unternehmen durch die Stimulierung der Weiterempfehlungsabsicht den Aufbau von Markenbindung und Markenvertrauen (Gruber 2008).

Beispiel: Die Strategie der Aktivierung am Beispiel von Lieferando
Lieferando, eine Plattform zur Lieferung von Essen nach Hause, nutzt intensiv die Strategie der Aktivierung (Lieferando 2014). Regelmäßig stellt der Plattform-Anbieter Fragen, wie „Was soll es heute zum Mittagessen geben, Pizza oder Pasta"? Diese Fragen werden von zahlreichen Usern beantwortet und mittels „like-Button" geteilt. Daneben verschenkt Lieferando in regelmäßigen Abständen Essensgutscheine. Diese erhalten Konsumenten, wenn sie die Plattform von Lieferando per „like-Button" positiv bewerten. Folglich sehen alle Freunde auf Facebook, dass Lieferando für gut befunden wurde. Darüber hinaus wird auch direkt der Link zu Lieferando angezeigt.

Nach der Entscheidung für eine Social Media-Strategie ist diese weiter zu präzisieren. Hierzu lassen sich sechs Elemente unterscheiden, die im Rahmen der Detailplanung zu berücksichtigen sind. Abbildung 3.2 stellt diese in einem Überblick dar.

Zunächst ist zu entscheiden, welche *Objekte*, d. h. welche Produkte, Marken und Markenfamilien, Dienstleistungen und Serviceangebote im Rahmen der Social Media-Strategie im Fokus stehen. Bevor das Unternehmen ein bestimmtes Objekt der Social Media-Kommunikation auswählt, ist festzulegen, ob eine eher fokussierte (einzelne Organisationseinheiten) oder eine zentrale (Gesamtunternehmen), Integrierte Social Media-Strategie verfolgt wird. Die *Zielgruppenauswahl* legt fest, welche Konsumentencluster zu bearbeiten sind. Dabei kann sich das Unternehmen entweder auf bestehende Konsumenten im Rahmen einer Konsumentenbindung konzentrieren oder die Zielgruppe erweitern mit dem Ziel, aktive Konsumentenakquisition zu betreiben. Im Rahmen der Zielgruppenauswahl stehen den Unternehmen unternehmensspezifische Segmentierungskriterien, wie z. B. demografische oder sozioökonomische Merkmale oder Online-Nutzerprofile, zur Verfügung (vgl.

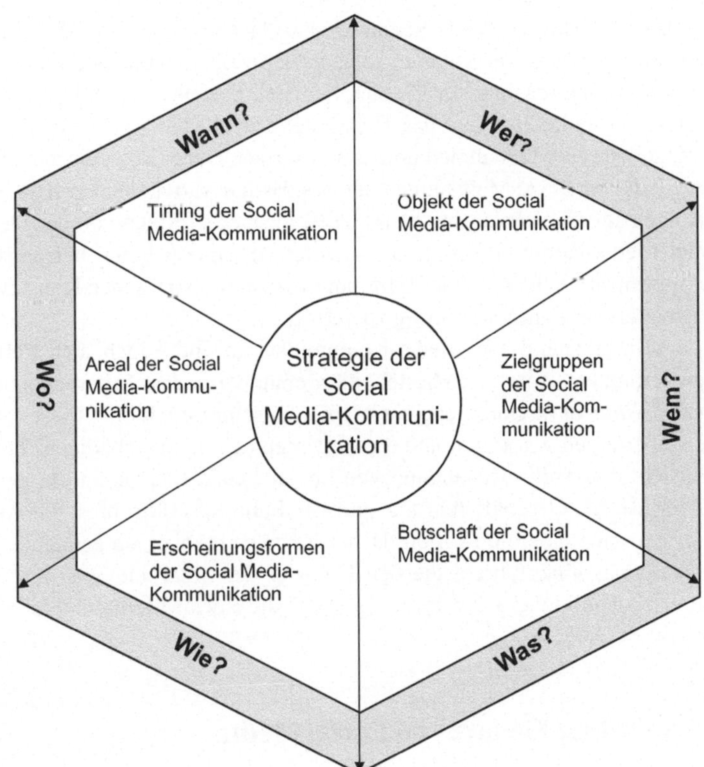

Abb. 3.2 Elemente einer Social Media-Strategie. (Quelle: Bruhn 2014c, S. 1086)

ausführlich zur Zielgruppenauswahl Abschn. 2.1). Die *Botschaftsgestaltung* stellt ein weiteres Element der Social Media-Strategie dar. Hier ist zu entscheiden, ob und in welchem Umfang ein Unternehmen aktiv Botschaften platzieren möchte. Dabei ist darauf zu achten, dass die Kernbotschaften präzise formuliert und konsistent über alle Social Media-Plattformen eingesetzt werden. In einem weiteren Schritt erfolgt die Festlegung von *Maßnahmen* zur Umsetzung der Social Media-Strategie. Dabei ist zwischen Maßnahmen inhaltlicher, technischer, organisatorischer und personeller Art zu unterscheiden. Je nach Zielgruppenansprache und Art der Botschaftsgestaltung sind die Maßnahmen der Social Media-Aktivitäten jeweils für den Einzelfall zu prüfen und entsprechend umzusetzen. Mit der Entscheidung über das Areal des Einsatzes der Social Media-Kommunikation wird festgelegt, in welchen geografischen Regionen die Social Media-Kommunikationsmaßnahmen erfolgen. Viele Social Media-Plattformen, wie z. B. Facebook, sind weltweit verfügbar. Im Rahmen solcher weltweiten Netzwerke gibt es zwar keine räumliche Begrenzung im Einsatz, dennoch bestehen des Öfteren sprachliche Barrieren. Schließlich legt das *Timing* der Social Media-Strategie den Zeitraum fest, in dem die Maßnahmen umgesetzt werden. Dabei ist zu entscheiden, ob eine kurzfristig angelegte Maßnahme oder langfristige Aktivitäten zur Kundenbindung erfolgen sollen. Das Timing hängt dabei in starkem Maße von der Strategie der Social Media-Kommunikation ab. Verfolgt ein Unternehmen beispielsweise eine Monitoringstrategie, so ist der Informationsaustausch zwischen Konsumenten über einen längeren Zeitraum hinweg zu verfolgen.

Mit dem Einsatz der Social Media-Kommunikation sind jedoch auch vielfältige Gefahren verbunden. Zum einen besteht die Gefahr darin, dass Mitarbeitende über *Facebook*, *Twitter* usw. Unternehmensinterna, Falschinformationen oder rufschädigende Äußerungen verbreiten und das Unternehmen damit schädigen. Zum anderen entsteht durch die Anwendung von Social Media-Elementen ein gewisser Kontrollverlust der Geschäftsführung und der Führungskräfte über die Art und Weise der externen Kommunikation. Daher ist zu empfehlen, so genannte *Social Media-Guidelines* einzuführen, die den Umgang der Mitarbeitenden mit Social Media regeln. Abbildung 3.3 zeigt beispielhaft die Social Media-Guidelines der Deutschen Post DHL.

3.2 Operativer Einsatz von Social Media

Neben der Auswahl und Erarbeitung einer adäquaten Social Media-Strategie ist die Planung einzelner Maßnahmen des Dienstleistungsmanagements eine zentrale Aufgabe der Planungsphase. Diese Maßnahmen, die unabhängig von den Phasen des Kundenbeziehungszyklusses das Management von Dienstleistungen unterstützen, lassen sich vor allem in die folgenden *Bereiche* unterteilen:

1. Qualitätsmanagement
2. Beschwerdemanagement
3. Servicemanagement
4. Kundenwertmanagement

(1) Qualitätsmanagement Das *Qualitätsmanagement* hat die Aufgabe, eine dauerhaft hohe Leistungsqualität sicherzustellen. Dies ist die grundlegende Voraussetzung für Kundenzufriedenheit und damit für den Aufbau und die Intensivierung von Kundenbeziehungen. Qualitätsmanagement umfasst dabei die Gesamtheit der qualitätsbezogenen Tätigkeiten und Zielsetzungen eines Unternehmens, d. h. sämt-

Social Media Guidelines

Social Media ist aus unserem Alltag kaum noch wegzudenken. Plattformen wie YouTube, Facebook und Twitter bieten uns die Chance, Meinungen, Gedanken und Erfahrungen mit anderen Nutzern, Freunden, Kollegen oder Kunden auszutauschen – und das weltweit.

Täglich wird auch über unser Unternehmen im Web intensiv diskutiert. Jeder, der sich online über Deutsche Post DHL äußert, prägt damit das Bild des Unternehmens in der Öffentlichkeit.

Wenn auch Sie sich in Blogs, Foren oder sozialen Netzwerken über Deutsche Post DHL austauschen, möchten wir Sie bitten, die folgenden Punkte zu beachten:

1. Beachten Sie unsere Unternehmenswerte. Respekt, Toleranz und Offenheit sowie Integrität gegenüber Kollegen und Kunden sind in unserem Code of Conduct festgeschrieben – und gelten natürlich auch im Internet.	**6. Handeln Sie verantwortlich.** Für das , was Sie veröffentlichen, tragen Sie die Verantwortung. Sollten Sie in Einzelfällen unsicher sein, stellen Sie sich die Frage, ob Sie ihrem Arbeitskollegen, Vorgesetzten oder Geschäftspartner die Inhalte auch direkt mitteilen würden.
2. Sprechen Sie nur für sich selbst. Offizielle Statements, Erklärungen und Publikationen von Deutsche Post DHL werden auch im Internet nur von autorisierten Mitarbeitern veröffentlicht.	**7. Halten Sie sich an geltendes Recht.** Besondere Gesetze gelten natürlich auch im Internet. Vor allem auf die Einhaltung von Copyrights wird streng geachtet. Veröffentlichen Sie deshalb nur Inhalte, Bilder und Videos, die von Ihnen stammen, und respektieren Sie die Rechte anderer Nutzer.
3. Seien sie authentisch und transparent. Wenn Sie sich zu Deutsche Post DHL äußern, sagen Sie offen, dass Sie für unser Unternehmen tätig sind. Schreiben Sie jedoch immer in der Ich-Form und machen Sie so deutlich, dass es sich um ihre private Meinung handelt und nicht um die des Unternehmens.	**8. Behandeln Sie andere Mit Respekt.** Achten Sie darauf, wie Sie etwas formulieren. Handeln Sie respektvoll, bleiben Sie höflich und sachlich. Vorsicht mit Humor, Ironie und Sarkasmus – ohne Mimik und Gestik sind diese oft schwer zu verstehen.
4. Behalten Sie vertrauliche Informationen für sich. Besonders wichtig: Internes bleibt intern. Behandeln Sie alle geheimhaltungsbedürftigen Informationen und Betriebsgeheimnisse unseres Unternehmens, unserer Partner und Lieferanten streng vertraulich.	**9. Unterstützen Sie uns.** Nutzen Sie gern unsere Social Media-Präsenzen und die Möglichkeit, sich an Diskussionen zu beteiligen. Sollten Sie Hilfe oder Tipps benötigen oder auf Lob, Kritik und Humorvolles rund um unsere Marken und Services stoßen, können Sie sich gern per E-Mail an uns wenden: Socialmedia@dhl.com oder socialmedia@deutschepost.de.
5. Schützen Sie Ihre Privatsphäre und auch die Ihrer Kinder. Was Sie veröffentlichen, ist häufig für alle sichtbar. Auch wenn sie Inhalte korrigieren oder löschen, alles hinterlässt Spuren im Internet. Achten Sie also sehr genau darauf, was Sie preisgeben.	**10. Nutzen Sie interne Plattformen.** Social Media-Aktivitäten sind in zunehmendem Umfang auch auf unseren internen Plattformen möglich. Benutzen Sie für alle internen Zwecke, wie z.B. Diskussionen oder Austausch mit Kollegen, das Corporate Intranet, Yammer oder das Extranet.

Abb. 3.3 Social Media-Guidelines bei der Deutschen Post DHL. (Deutsche Post DHL 2014)

liche Planungs-, Durchführungs- und Kontrollaktivitäten eins Unternehmens, die auf die Sicherstellung einer hohen Qualität abstellen (Bruhn 2014b).

Im Rahmen des *Regelkreises des Qualitätsmanagements* wird das Qualitätsmanagement in drei Aufgaben untergliedert: Strategische Qualitätsplanung, Qualitätsumsetzung und Qualitätscontrolling (Bruhn 1998).

Die *strategische Qualitätsplanung* gibt durch die Festlegung von verbindlichen Qualitätsgrundsätzen den Handlungsrahmen des Qualitätsmanagements vor. Für die strategische Qualitätsplanung werden verschiedene Konzepte, wie beispielsweise das Quality Function Deployment (QFD), die Fehlermöglichkeits- und -einflussanalyse (FMEA) oder die Sequenzielle Ereignismethode eingesetzt. Im Rahmen der *Qualitätsumsetzung* werden die – vor allem durch Kunden gestellten – Qualitätsanforderungen ermittelt und auf ihre Erfüllung überprüft. Das *Qualitätscontrolling* widmet sich der effizienten Gestaltung des Qualitätsmanagements.

Der Einsatz von Social Media bietet dem Qualitätsmanagement z. B. hinsichtlich der Integration des Kunden in den Prozess der strategischen Qualitätsplanung sowie der Qualitätsumsetzung eine wichtige Unterstützung. Die Integration des Kunden ist notwendig, um die von Kunden gewünschten Qualitätskriterien zu eruieren. Socia Media-Plattformen wie Facebook und Twitter bieten die Möglichkeit, mit den Kunden in Interaktion zu treten und auf diesem Weg eine Demokratisierung des Qualitätsmanagements hinsichtlich der Festlegung der individuellen und authentischen Qualitätskriterien hervorzurufen. Weitere Unterstützung findet die Integration des Kunden durch den Einsatz von Social Media zur Mobilisierung. Bewertungsplattformen, die in ihrem Design speziell für die Verwendung auf mobilen Endgeräten, wie beispielsweise Smartphones, zugeschnitten sind, setzen die Hürden zur Interaktion weiter herab. Gleichzeitig findet durch den Einsatz der genannten Social Media-Plattformen eine Personalisierung der Kundenbeziehung und eine Erlebnisvermittlung statt. Diese basieren auf einer regelmäßigen persönlichen Kommunikation und Betreuung.

Beispiel: Social Media und Qualitätsmanagement am Beispiel von Dell
Der Computerhersteller Dell nutzt verschiedene Social Media-Kanäle, um die eigene Qualität zu verbessern. So nutzt das Unternehmen beispielsweise die Plattform „Idea Storm“, um Kunden frühzeitig in den Produktentwicklungsprozess einzubinden. Dadurch ist das Unternehmen in der Lage, Trends frühzeitig zu erkennen und die Qualitätsmerkmale entsprechend auf die Kundenbedürfnisse auszurichten. Zudem fördert Dell durch diese Plattform aktiv das Bild von einem Unternehmen, das zuhört und sich um die spezifischen Belange der Kunden kümmert (vgl. Wiedmann et al. 2013).

(2) Beschwerdemanagement Das *Beschwerdemanagement* kommt zum Tragen, wenn Qualitätsmängel nicht durch das Qualitätsmanagement vermieden werden konnten. Das Ziel ist die Erhöhung der Kundenzufriedenheit und Kundenbindung, um den Aufbau und die Intensivierung von Kundenbeziehungen trotz Qualitätsmängel nicht zu gefährden. In der prozessorientierten Perspektive werden folgende Aufgabenbereiche des Beschwerdemanagements unterschieden (Stauss und Seidel 2014): Beschwerdestimulierung, Beschwerdeannahme, Beschwerdebearbeitung, Beschwerdereaktion und Beschwerdeverarbeitung.

Die *Beschwerdestimulierung* hat die Aufgabe, die unzufriedenen Kunden zur Artikulation der Beschwerde zu bewegen. Es sind folglich Voraussetzungen dafür zu schaffen, dass der Kunde auf festgelegten Beschwerdewegen in unkomplizierter Art und Weise seine Beschwerde vorbringen kann.

Im Rahmen der *Beschwerdeannahme* wird eine systematische, kundenfreundliche und vollständige Erfassung der Beschwerden sichergestellt. Social Media-Plattformen weisen diesbezüglich große Vorteile auf. Beschwerdeforen ermöglichen einen hohen Grad an Interaktion bei gleichzeitiger Mobilität. Beschwerden können auf diesen Plattformen schnell aufgenommen werden, Dialogbarrieren wie z. B. Nichterreichbarkeit bei telefonischen Beschwerden werden gesenkt und Beschwerden können an jedem Ort zu jeder Zeit eingereicht werden. Darüber hinaus können Mitarbeitende auf diesen Foren proaktiv auf Kunden zugehen, sobald diese sich kritisch über die Qualität des Unternehmens im Forum äußern. Kundenkommentare auf unternehmensgesteuerten Social Media-Plattformen wie Twitter und Facebook lassen sich nach Schlagworten durchsuchen. Beispielsweise hat sich das Unternehmen Best-Buy das Ziel gesetzt, proaktiv auf Twitter-Nachrichten aufgebrachter Kunden zu reagieren, indem diese von Mitarbeitenden angesprochen werden und auf unbürokratischen Wegen versucht wird, das Problem des Kunden zu lösen. Das Unternehmen wird regelmäßig von Kunden, die sich zuvor über das Unternehmen beschwert haben, für diesen zuvorkommenden Service gelobt (Bernoff und Schadler 2010).

Die *Beschwerdebearbeitung* ist für die Analyse der Beschwerdeursachen, die Weiterleitung der Beschwerde an die betroffene Abteilung sowie für die Definition von Bearbeitungsstandards verantwortlich.

Im Rahmen der *Beschwerdereaktion* wird entschieden, in welchem Zeitraum und in welcher Form auf die eingegangene Beschwerde reagiert wird. Social Media-Plattformen unterstützen die Individualisierung und Personalisierung der Beschwerdereaktion unter anderem, indem Kunden auf dem Beschwerdeforum über private Nachrichten ein persönliches Feedback über den Stand ihrer Beschwerde erhalten.

Die Instrumente der *Beschwerdeverarbeitung* lassen sich in strukturelle, informatorische und personelle Maßnahmen unterteilen. Unter strukturelle Maßnahmen fallen insbesondere die Implementierung einer Beschwerdekultur innerhalb des Unternehmens sowie die Festlegung von Organisationseinheiten, die für den Beschwerdeprozess verantwortlich sind. Informatorische Maßnahmen umfassen die Implementierung von IT-gestützten Beschwerdesystemen und Beschwerdemanagement-Tools. Die personellen Maßnahmen stellen sicher, dass eine ausreichend große Anzahl von Mitarbeitenden mit geeigneter Ausbildung zur Verfügung stehen, um den Beschwerdeprozess reibungslos abzuwickeln.

Beispiel: Beschwerdemanagement über Social Media bei der Deutschen Telekom
Die Deutsche Telekom AG betreibt eine eigene Facebook-Seite, auf der Kunden die Möglichkeit erhalten, Beschwerden zu artikulieren und Fragen zu stellen, die anschließend von Mitarbeitenden des Unternehmens bearbeitet werden (Facebook 2014d).

Beispiel: Beschwerdemanagement über Social Media bei SAP
Das Software-Unternehmen SAP hat auf der firmeneigenen Homepage einen Chat eingerichtet, der es den Kunden ermöglicht, bei Fragen und Problemen direkt mit Mitarbeitenden des Unternehmens in Kontakt zu treten. Somit wird eine umgehende Bearbeitung der Fragen und Probleme ermöglicht (SAP 2014).

(3) Servicemanagement Das *Servicemanagement* umfasst sowohl Sekundärleistungen, die das eigentliche Produkt unterstützen, als auch eigenständige Dienstleistungen. Es werden grundsätzlich vier *Formen von Serviceleistungen* unterschieden (Haedrich und Tomczak 1996; Koppelmann 2000; Bruhn und Hadwich 2006). Die erste Form sind *Garantieleistungen*. Sie stehen in einem relativ engen Zusammenhang mit dem eigentlichen Produkt. Ausgestaltungsmöglichkeiten betreffen den Garantieumfang sowie die Garantiedauer. Daneben wird im Rahmen des Servicemanagements die Ausgestaltung der *Lieferleistungen* festgelegt. Dies umfasst die Lieferbereitschaft (Umfang und Schnelligkeit), Lieferzuverlässigkeit (Einhaltung von Lieferterminen) und die Lieferqualität (Zustand der gelieferten Produkte). Die dritte Form sind *Kundendienstleistungen*. Einbegriffen sind sowohl technische

(z. B. Installation, Wartung) als auch kaufmännische Dienstleistungen (z. B. Kauffinanzierung). Schließlich sind *Value Added Services* zu nennen. Darunter sind Dienstleistungen zu verstehen, die über die genannten Service-Formen hinausgehen, nicht in direktem Zusammenhang mit der Primärleistung stehen, aber dem Kunden in Kombination mit der Primärleistung einen Mehrwert stiften (z. B. das Kinderparadies im IKEA, das den Eltern einen entspannten Rundgang durch das Möbelhaus ermöglicht).

Serviceleistungen sind darüber hinaus zwischen nicht elektronischen Dienstleistungen und *E*-Services zu differenzieren. *E-Services* werden dazu verwendet, aktuellen oder potenziellen Kunden über kommunikationstechnologische Lösungen, vor allem dem Internet, Informationen und Leistungen anzubieten, die für die Kunden einen Mehrwert darstellen. Sie können sowohl als Value Added Service als auch als Stand Alone Service ausgestaltet sein.

Beispiel: E-Services am Beispiel verschiedener Unternehmen

Ein Stand Alone Service eines E-Services stellt beispielsweise das Portalangebot von Yahoo! dar. Das Portalangebot ist eine eigenständige Dienstleistung, die nicht an die Nutzung eines anderen Produkts geknüpft ist. Zu den Serviceleistungen des Portalangebots zählen z. B. Yahoo!-Mail, ein eigenes Nachrichtenportal, Wetterdienst oder auch Yahoo!-Finanzen, bei dem die aktuellen Börsenkurse der wichtigsten Aktien sowie Aktuelles von den Finanzmarktplätzen berichtet wird (Yahoo! 2014).

Die Schweizer Post bietet ebenfalls eine Vielzahl an Stand Alone E-Services an. Zu diesen zählen z. B. die Swiss Post Box, mit der die Möglichkeit besteht, Briefe orts- und zeitunabhängig elektronisch zu bearbeiten, der PostCard Creator zur Gestaltung individueller Postkarten-Mailings oder die SMS-Briefmarke (Die Schweizerische Post AG 2014).

Ein Beispiel, bei dem über eine Social Media-Plattform technische Kundendienstleistungen angeboten werden, wird von der Deutschen Telekom zur Verfügung gestellt. Auf dem Forum „Telekom hilft" antworten Mitarbeiter der Deutschen Telekom auf technische Fragen von Kunden zu Produkten und Services des Anbieters (Telekom 2014).

(4) Kundenwertmanagement Eine zentrale Aufgabe des Marketing ist, kundenbezogene Wertsteigerungspotenziale zu identifizieren und zu heben (Bruhn 2000). Das Dienstleistungsmanagement ist folglich durch ein *Kundenwertmanagement* zu unterstützen. Unter dem Begriff Kundenwertmanagement ist die Ermittlung und

Analyse individueller Kundenwerte sowie die Ausrichtung der beziehungsorientierten Aktivitäten an diesen Kundenwerten zu verstehen, die das Ziel eines effizienten Einsatzes von Marketinginstrumenten und einer optimalen Ausschöpfung bestehender Kundenpotenziale verfolgt (Bruhn 2014b).

Es existiert eine Vielzahl von Verfahren zur Ermittlung des Kundenwertes. Sie werden in statische vs. dynamische, monetäre vs. nicht-monetäre und – nach der zugrunde gelegten Vorgehensweise – heuristische vs. quasi-analytische Verfahren untergliedert (Bruhn 2014b). Ein mit den Social Media neu aufgekommenes quasi-analytisches Verfahren besteht darin, die „Likes" zu zählen, die einzelne Kunden dem Unternehmen auf unterschiedlichen Plattformen im Internet zukommen lassen. Je mehr „Likes" ein Kunde dem Unternehmen verleiht, desto mehr steigt die Bedeutung des Unternehmens in den Social Media und desto wichtiger ist damit der Kunde für das Unternehmen. Ein weiterer Ansatz zur Messung des Kundenwertes auf Basis von Social Media-Plattformen ist die Bewertung der „Co-Creation"-Leistung des Kunden. Bringt ein Kunde gute Ideen in das Unternehmen ein, generiert er damit zwar nicht unmittelbaren Umsatz durch einen persönlichen Einkauf, trägt aber dazu bei, dass das Unternehmen auch in Zukunft Produkte und Dienstleistungen anbietet, die einen großen Kundennutzen stiften. Er stellt somit für das Unternehmen ein Kunde von besonderer Bedeutung dar. Zudem gilt es, neben quantitativen auch qualitative Faktoren in die Erfassung des Kundenwerts über Social Media einzubeziehen. So sind nicht nur z. B. die Anzahl der Postings und Kommentare von Kunden auf verschiedenen Social Media-Plattformen zu analysieren. Vielmehr sind die Inhalte von Interesse. Diese sind zu kategorisieren, ob der Nutzer z. B. positiv oder negativ über das Unternehmen spricht, konstruktive Verbesserungsvorschläge einbringt oder das Unternehmen aktiv weiterempfiehlt.

Es ist allerdings auch auf die Grenzen und Gefahren des Kundenwertmanagements mittels Social Media hinzuweisen. Die Schweizer Bank UBS geriet im Sommer 2012 in die Schlagzeilen (20 min 2012). Sie machte sich auf Twitter nicht nur ein Bild ihrer Kunden, sondern mahnte diese im Falle eines unzufrieden stellenden Social Media-Kundenwertes per Telefonanruf ab, z. B. aufgrund unliebsamer Äußerungen der Kunden bezüglich Bankdienstleistungen der UBS. Ein betroffener Kunde machte dieses Vorgehen öffentlich und löste damit in den Medien eine imageschädigende Woge der Empörung aus.

Der Überblick über die Planungsphase des Dienstleistungsmanagements hat unterschiedliche Strategien und Anwendungsfelder für Social Media aufgezeigt. Es stellt sich jedoch die Frage, wie die ausgewählten Social Media-Strategien und -Maßnahmen konkret zu implementieren sind.

4 Implementierungsphase des Dienstleistungsmanagements

Im Rahmen der Implementierungsphase werden die für das Dienstleistungsmanagement festgelegten Social Media-Strategien und -Maßnahmen umgesetzt. Von besonderer Bedeutung hierfür sind die korrekte Eingliederung der Social Media-Aktivitäten in die Organisationsstruktur sowie der personelle Umgang mit Social Media.

4.1 Organisation von Social Media

Ziel der Organisation von Social Media ist es, eine Organisationsstruktur zu errichten, die optimal auf die Herausforderungen einer hohen Kundeninteraktion im Rahmen des Einsatzes von Social Media reagieren kann. Betroffen sind sowohl die Aufbau- als auch die Ablauforganisation. Die Aufbauorganisation legt die Verantwortlichkeiten für einzelne Aufgaben mit Social Media-Bezug fest. Die Ablauforganisation regelt den reibungslosen Ablauf der Arbeitsprozesse, die zur Umsetzung der Social Media-Strategien und -Maßnahmen notwendig sind (Frost 2004).

Um der Beziehungsorientierung im Rahmen des Dienstleistungsmanagement in geeigneter Weise Rechnung zu tragen, sind bei der Gestaltung der Organisationsstruktur vier grundlegende Kriterien zu berücksichtigen (Bruhn 2014b):

- Starke Orientierung an den Prozessen, in die der Kunde involviert ist
- Intensivierung der abteilungsübergreifenden Zusammenarbeit mit dem Ziel, die Kundenbedürfnisse optimal umzusetzen

© Springer Fachmedien Wiesbaden 2015

M. Bruhn, K. Hadwich, *Einsatz von Social Media für das Dienstleistungsmanagement,* essentials, DOI 10.1007/978-3-658-07234-6_4

- Errichtung dezentraler Einheiten zur Verwirklichung der Kundennähe
- Ausdehnung der Kompetenzen im Rahmen von kundenbezogenen Entscheidungen

Abbildung 4.1 gibt einen Überblick über unterschiedliche Möglichkeiten zur Einbindung von Social Media in die Aufbauorganisation.

Modell 1 fasst alle Social Media-Aktivitäten eines Geschäftsbereichs in einer zentralen Stabstelle zusammen. Dies hat den Vorteil, dass sehr gut kontrolliert werden kann, was auf den Social Media-Plattformen seitens des Unternehmens kommuniziert wird. Ergebnis ist ein einheitlicher Unternehmensauftritt. In der Regel leidet darunter jedoch die Authentizität der Botschaften, die für die Kundennähe steht. *Modell 2* kommt einer authentischen Kommunikation zu Gute. Dezentrale Organisationseinheiten, wie z. B. Marketingkommunikation, Customer Service und Marktforschung, üben ihre jeweiligen Social Media-Aktivitäten selbst aus und tragen hierfür die Verantwortung. Ein weiterer Vorteil dieses Modells ist, dass die Experten der einzelnen Abteilungen am besten wissen, was die Ziele ihrer Abteilung sind und wie diese zu erreichen sind. Mit einer adäquaten Social Media-Weiterbildung werden sie Social Media folglich am wirkungsvollsten einsetzen. Die Stabsstelle übernimmt in diesem Modell keine ausführende, sondern lediglich eine koordinative Funktion, z. B. Überwachung der Social Media-Aktivitäten der einzelnen Abteilungen und Durchführung von Social Media-bezogenen Weiter-

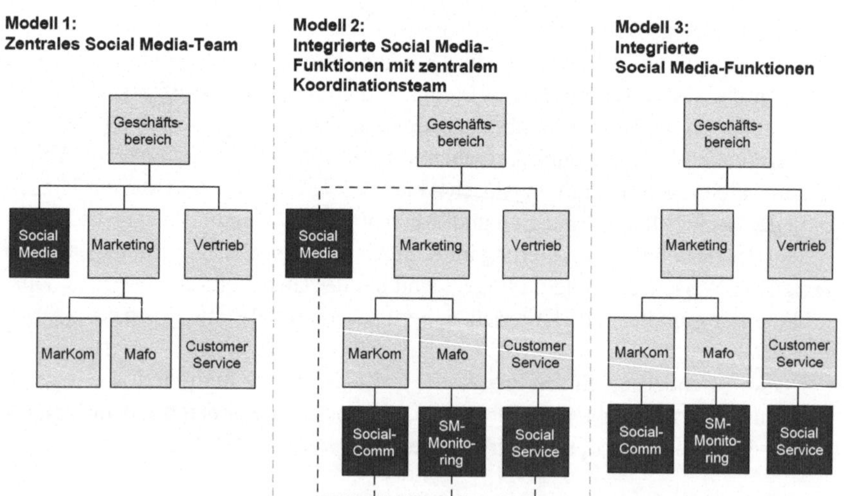

Abb. 4.1 Einbindung der Social Media in die Aufbauorganisation

bildungsprogrammen. Die Stabsstelle entfällt in *Modell 3* komplett. Zu ersetzen ist sie jedoch zumindest durch eine Social Media Policy ein Leitfaden für alle Mitarbeiter des Unternehmens, der den korrekten Umgang mit den Social Media festhält. Eingeschlossen sind rechtliche Aspekte, Verhaltensrichtlinien für die Interaktion mit der Community, eine Festlegung der zu kommunizierenden Inhalte sowie die Definition der auf den Social Media-Plattformen zu erreichenden Ziele (vgl. zu einem Beispiel für Social Media Guidelines Abschn. 3.1).

Neben der Aufbauorganisation wirken Social Media Policies gleichzeitig auf die Ablauforganisation ein. Entsprechende Policies definieren z. B. Ablaufprozesse für die rasche Bearbeitung von Beschwerden aus der Community. Aufbau- und Ablauforganisation sind eng miteinander verzahnt. Es ist daher wichtig, dass eine Abstimmung zwischen den Kommunikations- und Unternehmensbereichen stattfindet. Das kann neben einem zentralen Koordinationsteam z. B. auch durch die Einrichtung von Social Media Policies oder die Schaffung eines Regeltermins zum regelmäßigen Austausch zwischen den Bereichen erreicht werden.

4.2 Personeller Umgang mit Social Media

Im Rahmen des personellen Umgangs mit Social Media wird sichergestellt, dass alle involvierten Mitarbeitenden über die notwendigen persönlichen und fachlichen Eigenschaften für die Arbeit mit Social Media verfügen.

Im Mittelpunkt eines reibungslosen Umgangs mit Social Media steht folglich das Personalmanagement. Dem Personalmanagement kommen folgende Social Media-spezifischen *Aufgaben* zu:

- Planung des Bedarfs an Personal mit den entsprechenden Kompetenzen, die für die Umsetzung von Social Media-Aktivitäten im Dienstleistungsmanagement notwendig sind
- Gewinnung dieses Personals, gegebenenfalls unter Zuhilfenahme von Social Media-Plattformen
- Weiterentwicklung des vorhandenen Personalstamms hinsichtlich der für den Umgang mit Social Media notwendigen Kompetenzen
- Personalfreisetzung
- Personalbeurteilung mit Hinblick auf den erfolgreichen Einsatz von Social Media
- Personalvergütung, gegebenenfalls mit Prämien für das Erreichen von Social Media-spezifischen Kennzahlen

Die *Anforderungen* an Sachbearbeiter und Führungskräfte hinsichtlich des Einsatzes von Social Media im Rahmen von Dienstleistungen beinhalten im Wesentlichen vier *Handlungskompetenzen* (Becker 2009; Stock-Homburg 2013).

Fachkompetenz beinhaltet spezifische Kenntnisse, die für die Erfüllung der Arbeitsplatzbeschreibung notwendig sind. Mit Bezug auf Social Media-Anwendungen sind dies zunächst grundlegende Kenntnisse über die Funktionsweise von Social Media-Plattformen. Des Weiteren sind Kenntnisse über die angestrebte Wahrnehmung durch Internetnutzer sowie über das Verhalten von Internetnutzern auf Social Media-Plattformen notwendig. Darüber hinaus sind die Kenntnisse über das gesamte Leistungsspektrum sowie Differenzierungsmerkmale des Unternehmens grundlegend für eine kompetente und zielorientierte Kommunikation auf Social Media-Plattformen. Es ist zu berücksichtigen, dass im Internet veröffentlichte Informationen oftmals von einer unbegrenzten Anzahl an Personen gelesen und auch zu einem späteren Zeitpunkt wieder herangezogen werden können. Führungskräfte benötigen zusätzliche methodische Kenntnisse darüber, wie die Arbeitsqualität, die ihre Mitarbeitenden auf Social Media-Plattformen erbringen, zu überprüfen sind. Geeignet sind z. B. regelmäßige Befragungen bezüglich der wahrgenommenen Servicequalität bei den Kunden, die Social Media nutzen.

Methoden- beziehungsweise *Konzeptkompetenz* kommen durch die Fähigkeit, unterschiedliche Lösungsmethoden auf eine Problemstellung anwenden zu können, zum Ausdruck. Im Rahmen von Social Media liegt für Mitarbeitende der Fokus auf Methoden zur Auswahl der korrekten Social Media-Plattform für unterschiedliche Kommunikationsbotschaften sowie in der Auswahl geeigneter Gesprächstechniken. Führungskräften bedarf es dagegen z. B. an Methodenkompetenz zur Auswahl geeigneter Dienstleistungsanbieter, um einzelne Social Media-bezogene Aufgaben zuverlässig outsourcen zu können. Oft eingesetzte Dienstleister sind z. B. so genannte *Knowledge Broker*. Sie übernehmen die Interaktion mit den Konsumenten auf Social Media-Plattformen im Sinne des Auftraggebers, wenn diesem die notwendigen Ressourcen nicht zur Verfügung stehen (Sawhney et al. 2003).

Sozialkompetenz beschreibt die Fähigkeit, in der Interaktion mit anderen Menschen zu überzeugen. Mitarbeitende benötigen beim Einsatz von Social Media eine besonders gute Sozialkompetenz. Für das Auftreten als Repräsentant des Unternehmens auf Social Media-Plattformen ist Empathie notwendig. Einerseits gilt es, die Bedürfnisse der Kunden zu verstehen, andererseits sind die Ziele des Unternehmens umzusetzen. Dies spiegelt sich z. B. in der Sprache wider. Zum einen legen Unternehmen im Rahmen von Social Media Policies bestimmte Sprachstile und Verhaltensformen für den Auftritt auf Social Media-Plattformen fest. Zum anderen gilt es für den Mitarbeiter, gleichzeitig einen für das Internetpublikum angemessenen Sprachstil einzusetzen. Darüber hinaus ist eine große Kritik- und Konfliktfähigkeit notwendig. Internetuser richten ihre Anliegen bevorzugt in anonymer Form an das Unternehmen. Dies bedingt in der Regel einen härteren Sprachstil als in persönlichen Konversationen. Hierauf und auf eine souveräne Diskussionsführung in Unternehmensforen sind die Mitarbeitenden zu schulen. Für Führungskräfte bedeutet der zunehmende Einsatz von Social Media in der Regel ein Wandel vom autoritären hin zum kooperativen Führungsstil. Notwendig wird dies durch die hohe Interaktionsrate der Mitarbeitenden mit den Kunden. Zur Sicherstellung ihrer Handlungsfähigkeit sind die Mitarbeitenden mit größeren Entscheidungsspielräumen auszustatten. Die Konsequenz ist eine Ausdehnung ihrer Kompetenzen. Führungskräfte sind darauf angewiesen zu erkennen, welchen Mitarbeitenden sie diese zusätzlichen Entscheidungsspielräume einräumen können und wie die soziale Interaktion mit den Mitarbeitenden im Rahmen eines kooperativen Führungsstils auszugestalten ist.

Unter *Psychologischer Kompetenz* wird die Einstellung, Motivation und der Einsatzwille subsumiert. Im Rahmen des Einsatzes von Social Media zählt hierzu sowohl für Mitarbeitende als auch für Führungskräfte die Bereitschaft, sich kundenorientiert zu verhalten. Darüber hinaus sind z. B. für die Betreuung von Blogs und Foren Enthusiasmus und eine große Ausdauer von Nöten. Es sind regelmäßig Aussagen von Internetnutzern zu kommentieren, Fragen zu beantworten und eigene Fragen zu stellen.

Neben einer präzisen und zielorientierten Umsetzung der Social Media-Strategien und -Maßnahmen ist es unerlässlich, dass Unternehmen über wirksame Instrumente zur Überprüfung der Social Media-Aktivitäten verfügen.

Kontrollphase des Dienstleistungsmanagements

5

Die Kontrollphase umfasst Effektivitäts- und Effizienzkontrollen. Der direkt aus den Social Media-Aktivitäten erzeugte Nutzen kann nur grob bestimmt werden, z. B. über eine Überprüfung der Konsumentenbindung oder des Markenwertes. Mithin wird in der nachfolgenden Betrachtung der Fokus auf Effektivitätskontrollen gelegt.

5.1 Effektivitätskontrollen von Social Media

Die Effektivitätskontrollen von Social Media konzentrierten sich auf die Messung der Zielerreichungsgrade von Social Media-Aktivitäten (Bruhn 2014c).

Hierzu sind zunächst geeignete Ziele festzulegen. Diese lassen sich untergliedern in *kognitiv*-orientierte Ziele, *affektiv*-orientierte Ziele und *konativ*-orientierte Ziele (Bruhn 2014c). Einen Überblick über beispielhafte Ziele der drei Kategorien sowie geeignete Messmethoden zur Ermittlung der Zielwerte zeigt Abb. 5.1 auf, die jeweils nach Beobachtungen oder Befragungen differenziert werden.

Zur Messung der Zielerreichung von kognitiv-orientierten Zielen mittels Social Media-Plattformen eignet sich unter anderem die Blickaufzeichnung und die Aktivierungsmessung. Zudem werden Recall- und Recognition-Tests in Bezug auf bestimmte Erscheinungsformen und Kommunikationsträger der Social Media-Kommunikation durchgeführt (Schweiger und Schrattenecker 2013). Probanden werden hierbei z. B. nach dem Inhalt einer Botschaft gefragt, die ihnen zuvor auf einer Social Media-Plattform gezeigt wurde. Affektiv-orientierte Zielgrößen können beispielsweise über Einstellungsmessungen überprüft werden. Um die Ist

© Springer Fachmedien Wiesbaden 2015

M. Bruhn, K. Hadwich, *Einsatz von Social Media für das Dienstleistungsmanagement,* essentials, DOI 10.1007/978-3-658-07234-6_5

Kategorien der Kommunikationswirkung / Art der Messmethode	Beobachtung	Befragung
Kognitive Wirkungen	• Aktivierungsmessung • Blickaufzeichnung • Beobachtung des Aufnahmeverhaltens • Inhaltsanalysen	• Wahrnehmungs- und Verständnismessungen • Recall- und Recognition-Tests • Ratingskalen • Assoziationstests • Satzergänzungstests • Irritations- und Akzeptanzprofile
Affektive Wirkungen	• Aktivierungsmessung • Aufzeichnung der Gesichtsmimik oder des Blickes • Andere apparative Verfahren	• Verbale und Nonverbale Erlebnismessungen • Einstellungs- und Imageskalen • Inhaltsanalysen • Multiattributmodelle • Bilderskalen • Magnitude-Skalierung • Conjoint Measurement • Imagery-Forschung
Konative Wirkungen	• Verhaltensregistrierung • Wahlverhalten • Nutzungsverhalten • Nutzungshäufigkeiten • Nutzungsdauer • Klickverhalten • Kaufverhalten • Systemkontakt	• Erinnertes Verhalten • Flächenskalen, verbale Skalen • Konstantsummenverfahren • Befragung nach Produkt-, Banner- oder Website-Präferenzen • Verhaltensabsicht • Tatsächliches Verhalten • Panel

Abb. 5.1 Ziele und Messmethoden zur Effektivitätskontrolle von Social Media. (Quelle: Bruhn 2014c, S. 1111)

Situation konativ-orientierter Ziele festzustellen, eignen sich z. B. Befragungen mit Hinblick auf Verhaltensabsichten oder die Beobachtung des Nutzungsverhaltens. Die genannten Kennzahlen und Messmethoden sind sowohl für *nutzergenerierte* als auch für *unternehmensgesteuerte* Social Media-Plattformen gültig. Die konativ-orientierten Ziele lassen sich darüber hinaus bezüglich des Verhaltens der Konsumenten innerhalb der Social Media weiter untergliedern in *Website*-bezogene Kennzahlen, *Seitenbezogene* Kennzahlen und *Dateibezogene* Kennzahlen (Fritz 2006). Alle drei Kategorien zielen darauf ab, die Reichweite von Social Media-Plattformen zu bestimmen. Website-bezogene Kennzahlen messen den Zugriff auf die gesamte Social Media-Plattform (wie z. B. Facebook). Seitenbezogene Kennzahlen messen den Zugriff auf einzelne Seiten der Plattform (z. B. die BMW Karriereseite auf Facebook). Dateibezogene Kennzahlen beziehen sich auf Dateien, die auf einzelnen Seiten erhältlich sind (z. B. Video eines neuen BMW-Modells auf der BMW Karriereseite auf Facebook).

Im Folgenden wird der Fokus auf Website-bezogene Kennzahlen gelegt, da diese die meiste Verbreitung finden. Zu diesen Kennzahlen zählt die Bruttoreichweite. Sie wird als die Summe aller Zugriffe auf eine Social Media-Plattform in einem bestimmten Betrachtungszeitraum definiert (Fritz 2006). Personen greifen oftmals mehrfach auf eine Plattform zu. Die Kennzahl Nettoreichweite berücksichtigt dies, indem von der Bruttoreichweite die Mehrfachzugriffe abgezogen und nur die Erstkontakte berechnet werden. Die Nettoreichweite ist somit definiert als die Anzahl der Zugriffe von verschiedenen Nutzern („Number

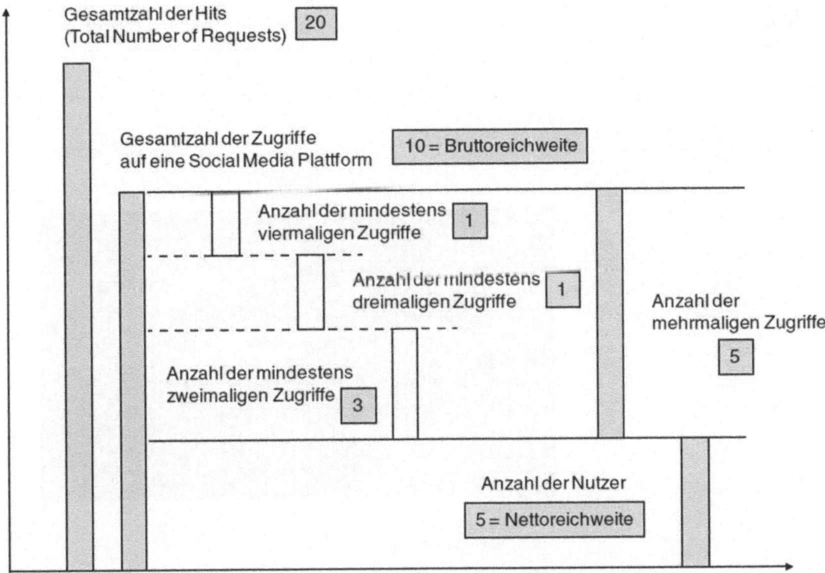

Abb. 5.2 Zusammenhang der Hits. (Quelle: Fantapié Altobelli und Hoffmann 1996, S. 133)

of Unique Users") innerhalb eines bestimmten Zeitraums (Solomon et al. 2012). Zudem lässt sich die Anzahl der mehrmaligen Kontakte als Differenz von Brutto- und Nettoreichweite ermitteln. Dabei wird exakt die Anzahl der Hosts, die zwei- bis n-mal auf eine Website oder Social Media-Plattform zugreifen, ermittelt (Fritz 2006; Tuten und Solomon 2013). In Abb. 5.2 ist der Zusammenhang zwischen Hits, Bruttoreichweite, mehrmaligen Zugriffen und Nettoreichweite dargestellt.

5.2 Effektivitätskontrollen von Marketingstrategien durch Social Media

Der Einsatz von Social Media ist im Rahmen des gesamten Marketingmix, der Produkt-, Preis-, Vertriebs-, Kommunikations- und Personalpolitik, von Bedeutung. Es gilt jedoch, den jeweiligen Einsatz auf Effektivität hin zu überprüfen.

Im Rahmen der *Produktpolitik* werden Konsumenten mit Hilfe von Social Media in den Produktentwicklungsprozess mit einbezogen (Li und Bernhoff 2009). Derart aktive Konsumenten werden Prosumenten genannt (Kreutzer und Hinz 2010). Es ist das Ziel, eine große Anzahl an hochwertigen neuen Ideen zu generie-

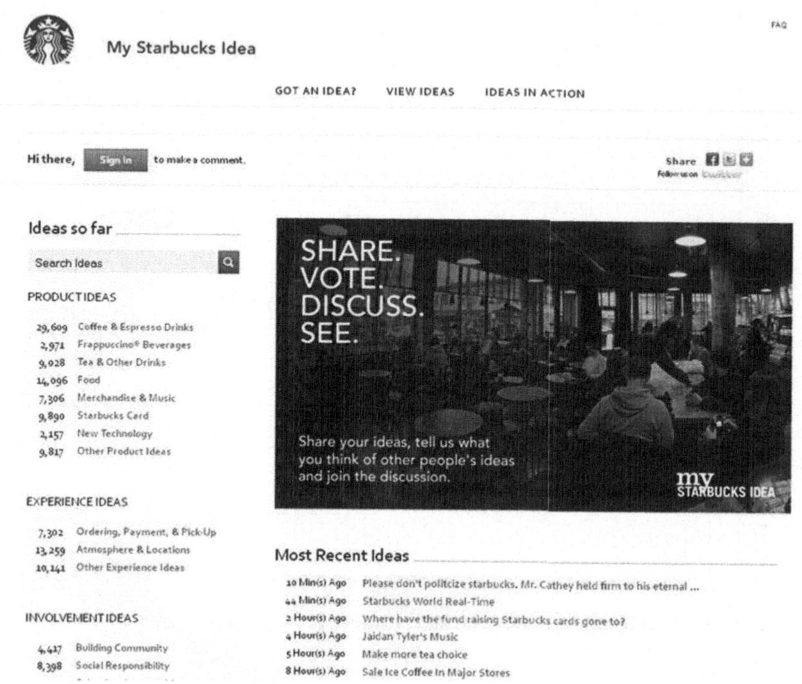

Abb. 5.3 Verbesserungsvorschläge durch „My Starbucks Idea". (Quelle: Starbucks 2014)

ren. Die Bewertung der Social Media-Maßnahmen hinsichtlich Effektivität erfolgt oftmals ebenfalls direkt durch die Konsumenten, indem diese über die Ideen abstimmen. Hierdurch wird der Maßnahme eine gute Messbarkeit zuteil. Verbesserungsvorschläge und neue Ideen können z. B. die Kunden von Starbucks auf http://www.mystarbuckside.com abgeben (vgl. Abb 5.3). Die populärsten Ideen werden schließlich von Starbucks-Mitarbeitenden auf Umsetzbarkeit geprüft (Starbucks 2014). Gleichzeitig wird mit dieser Maßnahme eine Steigerung der Weiterempfehlungsabsicht und damit eine konative Zielgröße anvisiert. Kunden, die an dem Wettbewerb teilnehmen, anderen Konsumenten davon erzählen und gegebenenfalls dazu anregen, neue Produkte zu kaufen. Der angestrebte Zielerreichungsgrad kann z. B. über eine Kundenbefragung zu Verhaltensabsichten überprüft werden.

Für die *Preispolitik* wird Social Media beispielsweise eingesetzt, um heterogene Zahlungsbereitschaften von Konsumenten abzuschöpfen. Bearbeitet wird dieses Ziel z. B. auf der Online-Auktionsbörse eBay mittels Reverse Pricing (Spann 2008). Bei Pauschalreisen werden auf diese Weise die Konsumenten aufgefordert, Angebote abzugeben. Der Verkäufer verkauft die Reise, falls sein Mindestpreis

Abb. 5.4 Facebook-Fanseite von „Marco Polo Young Line Travel“. (Quelle: Facebook 2014c)

erreicht wird. Es findet mithin eine interaktive Preisbildung statt. Im Fokus steht hierbei das konative Ziel der Zahlungsbereitschaft. Die Zielerreichung ist mittels Umsatzstatistiken zu überprüfen.

Der Reiseveranstalter Marco Polo hat eine Facebook-Fanseite für 20- bis 35-Jährige ins Leben gerufen, die sich auf der Plattform über Reisen austauschen sowie Reiseangebote des Veranstalters finden können (vgl. Abb. 5.4). Das Unternehmen verfolgt mit dieser Social Media-Maßnahme der *Kommunikationspolitik* unter anderem das kognitive Ziel der Bekanntheitssteigerung. Zur Überprüfung des Zielerreichungsgrades stellt der Hidden-Logo-Test ein geeignetes Kontrollinstrument dar. Hierbei wird Probanden das Profilbild des Facebook-Accounts vorgelegt, dabei jedoch Schriftzüge und Logos entfernt. Die befragten Testpersonen werden gebeten, die entfernten Inhalte zu identifizieren. Je mehr Probanden die Marke „Marco Polo Young Line Travel“ erkennen, desto höher ist der Zielerreichungsgrad.

Sprachkurs-Anbieter erschließen sich zunehmend mit der Eröffnung von Sprachlern-Portalen im Internet einen neuen Vertriebskanal. Kunden des Anbieters „English-Portal“ melden sich kostenpflichtig an und können im Folgenden zahlreiche interaktive Möglichkeiten für ein Fremdsprachenstudium vor dem Computer nutzen (English-Portal 2014). Im Sinne der *Vertriebspolitik* wird das konative

Ziel der Steigerung der Kauf- und Wiederkaufsabsicht verfolgt. Eine Überprüfung erfolgt auf Basis der Absatzkennzahlen.

Aufgrund der hohen Interaktionsrate und Individualität von Dienstleistungen wird Social Media darüber hinaus im Rahmen der *Personalpolitik* eingesetzt. Das Unternehmen SAP nutzt Social Media beispielsweise, um eine höhere Kundenzufriedenheit zu erzielen. Auf Social Media-Plattformen müssen Kunden keine langen Wartezeiten, wie beispielsweise am Telefon, in Kauf nehmen, sondern können über den firmeneigenen Chat direkt mit kompetenten Mitarbeitenden in Kontakt treten. Gegenüber Anfragen per Email stellt dies darüber hinaus eine persönlichere Interaktion dar, die auf eine engere Kundenbindung hindeutet. Die Messung der Kundenzufriedenheit erfolgt durch Befragungen, z. B. mittels eines dynamischen Kundenbarometers (Bruhn 2014b).

Dieser Betirag hat die zentrale Bedeutung sowie die vielfältigen Anwendungsmöglichkeiten von Social Media für das Dienstleistungsmanagement aufgezeigt. Gleichzeitig wurde auf Herausforderungen, wie z. B. die eingeschränkte Kontrollierbarkeit der Kommunikation im Umgang mit Social Media, hingewiesen. Es wird eine der zentralen Aufgaben von Dienstleistungsunternehmen sein, die weitere Entwicklung der Sozialen Medien zu verfolgen und in ihren internen und externen Aktivitäten zur Steigerung der Wertschöpfung einzubinden.

Was Sie aus diesem Essential mitnehmen können

- Sie erhalten Bewusstsein, für welche Aufgaben Social Media im Dienstleistungsbereich eingesetzt werden kann.
- Sie wissen, wie eine Zielgruppenanalyse und Marktforschung für Social Media eingesetzt werden kann.
- Sie prüfen Strategieoptionen und den operativen Einsatz von Social Media.
- Sie kennen die Notwendigkeit zum organisatorischen und personellen Umgang mit Social Media.
- Sie können die Effektivität und Effizienz von Social Media nachvollziehen.

© Springer Fachmedien Wiesbaden 2015

M. Bruhn, K. Hadwich, *Einsatz von Social Media für das Dienstleistungsmanagement*, essentials, DOI 10.1007/978-3-658-07234-6

Literatur

20 Minuten. (2012). Vorsicht beim Twittern – Die UBS liest ungeniert mit, www.20minuten.ch. Zugegriffen: 14. Aug. 2012.

Alby, T. (2008). *Web 2.0 – Konzepte, Anwendungen, Technologien* (3. Aufl.). München: Hanser.

Becker, J. (2013). *Marketing-Konzeption* (10. Aufl.). München: Vahlen.

Becker, M. (2009). *Personalentwicklung – Bildung, Förderung und Organisationsentwicklung in Theorie und Praxis* (5. Aufl.). Stuttgart: Schäffer-Poeschel.

Bruhn, M. (1998). *Wirtschaftlichkeit des Qualitätsmanagements – Qualitätscontrolling für Dienstleistungen*. Berlin: Springer.

Bruhn, M. (2000). Kundenerwartungen – Theoretische Grundlagen, Messung und Managementkonzept. *Zeitschrift für Betriebswirtschaft, 70*(9), 1031–1053.

Bruhn, M. (2014a). *Marketing – Grundlagen für Studium und Praxis* (12. Aufl.). Wiesbaden: Springer Gabler.

Bruhn, M. (2014b). *Relationship Marketing – Das Management von Kundenbeziehungen* (4. Aufl.). München: Vahlen.

Bruhn, M. (2014c). *Unternehmens- und Marketingkommunikation – Handbuch für ein integriertes Kommunikationsmanagement* (3. Aufl.). München: Vahlen.

Bruhn, M., & Hadwich, K. (2006). *Produkt- und Servicemanagement – Konzepte, Methoden, Prozesse*. München: Vahlen.

Bruhn, M., Hadwich, K., & Georgi, D. (2006). Implementierung des Kundenwertmanagements – Modellierung und Anwendungsbeispiel. In M. Bruhn & B. Stauss (Hrsg.), *Forum Dienstleistungsmanagement – Dienstleistungscontrolling* (S. 351–368). Wiesbaden: Gabler.

Bruhn, M., Schäfer, D. B., Schwarz, J., & Lauber, M. (2011). Facebook, Twitter, YouTube und Co. – Erwartungen der Nutzer an Social-Media-Plattformen. *Marketing Review St. Gallen, 5*, 36–42.

Busch, R., Fuchs, W., & Unger, F. (2008). *Integriertes Marketing – Strategie, Organisation, Instrumente* (4. Aufl.). Wiesbaden: Gabler.

Carl, W. J. (2008). The role of disclosure in organized word-of-mouth marketing programs. *Journal of Marketing Communications, 14*(3), 225–241.

Deutsche Post DHL. (2014). Social media guidelines. https://www.dpdhl.com/content/dam/presse/social_media/dpdhl_social_media_guidelines_de.pdf. Zugegriffen: 30. April 2014.

© Springer Fachmedien Wiesbaden 2015

M. Bruhn, K. Hadwich, *Einsatz von Social Media für das Dienstleistungsmanagement*, essentials, DOI 10.1007/978-3-658-07234-6

Die Schweizerische Post AG. (2014). E-Services. http://www.post.ch/post-startseite/post-konzern/post-engagement/post-oekologische-produkte/post-engagement-e-services.htm. Zugegriffen: 7. Mai 2014.

Duncan, T., & Moriarty, S. (1998). A communication-based marketing model for managing Relationship. *Journal of Marketing, 62*(2), 1–13.

Ellis, R. M. (2009). Applying Bourdieu to eBay's success and socio-technical design. In B. Whitworth & A. de Moor (Hrsg.), *Handbook of research on socio-technical design and social networking systems* (S. 115–137). Hershey: Information Science Reference.

eMarketer. (2014). Social networking reaches nearly one in four around the world. http://www.emarketer.com/Article/Social-Networking-Reaches-Nearly-One-Four-Around-World/1009976. Zugegriffen: 30. April 2014.

English-Portal. (2014). English portal. http://www.english-portal.de/. Zugegriffen: 30. April 2014.

Facebook. (2014a). PwC Karriere. https://www.facebook.com/pwc.career?fref=ts. Zugegriffen: 30. April 2014.

Facebook. (2014b). BMW Karriere. http://www.facebook.com/bmwkarriere. Zugegriffen: 31. April 2014.

Facebook. (2014c). Marco Polo Young Line Travel. https://www.facebook.com/.younglinetravel?fref=ts.Zugegriffen: 30. April 2014.

Facebook. (2014d). Telekom hilft. https://www.facebook.com/telekomhilft?fref=ts. Zugegriffen: 30. April 2014.

Fantapié Altobelli, C., & Hoffmann, S. (1996). *Werbung im Internet. Wie Unternehmen ihren Online-Werbeauftritt planen und optimieren.* Unterföhring: Forschungsprojekt in Kooperation mit der MediaGruppe München.

Fantapié Altobelli, C., & Sander, M. (2001). *Internet-Branding – Marketing und Markenführung im Internet.* Stuttgart: Lucius & Lucius.

Fritz, W. (2006). *Internet-Marketing und Electronic Commerce – Grundlagen, Rahmenbedingungen, Instrumente* (4. Aufl.). Wiesbaden: Gabler.

Frost, J. (2004). Aufbau- und Ablauforganisation. In G. Schreyögg & A. Werder (Hrsg.), *Handwörterbuch Unternehmensführung und Organisation* (4. Aufl., S. 45–53) Stuttgart: Schäffer Poeschel.

Grönroos, C. (2004). The Relationship Marketing Process – Communication. *Journal of Business and Industrial Marketing, 1*(1), 99–113.

Gruber, G. (2008). *Planungsprozess der Markenkommunikation in Web 2.0 und Social Media. Ziele – Strategieoptionen – Erfolgskontrolle.* Saarbrücken: VDM Verlag Dr. Müller.

Haedrich, G., & Tomczak, T. (1996). *Produktpolitik.* Stuttgart: Kohlhammer.

Innovation Mining. (2009). Nutzertypen von online-basierten Plattformen. http://innovation-mining.net/?q=node/71. Zugegriffen: 30. April 2014.

Holland, H. (2009). *Direktmarketing* (3. Aufl.). München: Vahlen.

Koppelmann, U. (2000). *Produktmarketing – Entscheidungsgrundlage für Produktmanager* (6. Aufl.). Berlin: Springer.

Kotler, P., & Bliemel, F. (2006). *Marketing-Management – Analyse, Planung und Verwirklichung* (10. Aufl.). München: Pearson.

Kreutzer, R. T., & Hinz, J. (2010). Möglichkeiten und Grenzen von Social Media Marketing – Working Paper No. 58. In G. Bruche, C. Dörrenbächer, F. Nage, & S. Ripsas. (Hrsg.), *Working Papers of the Institute of Management Berlin.* Berlin.

Lego. (2014). Lego CUUSOO. http://lego.cuusoo.com. Zugegriffen 30. April 2014.

Li, C., & Bernoff, J. (2009). *Marketing in the Groundswell*. New York: Harvard Business Review Press.

Lieferando (2014). Lieferando Lieferservice. http://www.lieferando.de/. Zugegriffen 30. April 2014.

Meffert, H., Burmann, C., & Kirchgeorg, M. (2012). *Marketing. Grundlagen marktorientierter Unternehmensführung – Konzepte, Instrumente, Praxisbeispiele* (11. Aufl.). Wiesbaden: Gabler.

Microsoft. (2014). Microsoft community. http://answers.microsoft.com/de-de. Zugegriffen: 30. April 2014.

Migipedia. (2014). http://www.migipedia.ch/de/participate. Zugegriffen: 30. April 2014.

O'Reilly, T. (2005). What is Web 2.0 – Design patterns and business models for the next generation of software. http://oreilly.com/web2/archive/what-is-web-20.html. Zugegriffen: 30. April 2014.

O'Reilly, T. (2006). O'Reilly radar. http://radar.oreilly.com/archives/2006/12/web-20-compact.html. Zugegriffen: 3. Sept. 2012.

SAP. (2014). SAP chat. http://www.sap.com/germany/pc/bp/erp.html. Zugegriffen: 30. April 2014.

Sawhney, M., Prandelli, E., & Verona, G. (2003). The power of innomediation. *MIT Sloan Management Review, 44*(2), 77–82.

Schweiger, G., & Schrattenecker, G. (2012). *Werbung* (8. Aufl.). Konstanz: UVK Verlagsgesellschaft mbH.

Silberer, G. (2000). Der Einsatz von Kiosksystemen als Werbeträger. In G. Silberer & L. Fischer (Hrsg.), *Multimediale Kioskterminals – Infotankstellen* (S. 197–217). Wiesbaden: Gabler.

Solomon, M. R., Stuart, E. W., Marshall, G., Stuart, E., Mitchell, V., & Barns, B. (2012). *Marketing, real people, real choices*. Englewood Cliffs: Prentice-Hall.

Spann, M. (2008). Interactive pricing. In H. H. Bauer, D. Grosse-Leege, & J. Rösger (Hrsg.), *Interactive Marketing im Web 2.0 – Konzepte und Anwendungen für ein erfolgreiches Marketingmanagement im Internet* (2. Aufl., S. 160–174). München: Vahlen.

Starbucks. (2014). My Starbucks Idea. http://mystarbucksidea.force.com/apex/ideahome. Zugegriffen: 30. April 2014.

Statistisches, B. (2014). Internetnutzer in Deutschland. https://www.destatis.de/DE/ZahlenFakten/GesellschaftStaat/EinkommenKonsumLebensbedingungen/ITNutzung/Aktuell_ITNutzung.html. Zugegriffen: 30. April 2014.

Statista (2014): Nutzer von Facebook in Deutschland. http://de.statista.com/statistik/daten/studie/70189/umfrage/nutzer-von-facebook-in-deutschland-seit-2009/. Zugegriffen: 30. April 2014.

Stauss, B., & Seidel, W. (2014). *Beschwerdemanagement – Unzufriedene Kunden als profitable Zielgruppe* (5. Aufl.). München: Hanser.

Stock-Homburg, R. (2013). *Personalmanagement – Theorien, Konzepte, Instrumente* (3. Aufl.). Wiesbaden: Springer Gabler.

Telekom. (2014). Telekom hilft. https://feedback.telekom-hilft.de/. Zugegriffen: 30. April 2014.

Tropp, J. (2011). *Moderne Marketing-Kommunikation – System, Prozess, Management*. Wiesbaden: Springer.

Tuten, T. L., & Solomon, M. R. (2013). *Social media marketing*. New Jersey: Prentice Hall.

Twitter. (2014). Austriatravel. http://twitter.com/austriatravel. Zugegriffen: 30. April 2014.

Werner, A. (2003). *Marketing-Instrument Internet – Strategie, Werkzeuge, Umsetzung* (3. Aufl.). Heidelberg: Dpunkt.

Wiedmann, K.-P., Fritz, S., & Langner, S. (2013). Verbesserung der wahrgenommenen Dienstleistungsqualität durch den Einsatz von Social Media im B2B-Sektor – Aktuelle Ansätze und Fallbeispiele. In M. Bruhn & K. Hadwich (Hrsg.), *Dienstleistungsmanagement und Social Media – Potenziale, Strategien und Instrumente* (S. 345–369). Wiesbaden: Springer Gabler.

Yahoo! (2014). Yahoo! Deutschland. https://de.yahoo.com/. Zugegriffen: 7. Mai 2014.